信頼と幸福のコミュニケーション手法

受け身な部下を変える！

桐岡隆澄
リクルートコミュニケーションエンジニアリング

前野隆司
慶應義塾大学大学院システムデザイン・マネジメント研究科教授

日本経済新聞出版

プロローグ

私はこの本を、「社員が受け身で困っている」と悩む経営者・経営陣の皆さんに向けて書きました。日本には、この〝社員受け身問題〟の悩みを抱える経営者の方が数え切れないほどいます。なぜ私がそれを知っているかといえば、私が働くリクルートコミュニケーションエンジニアリング（以下、ＲＣＥ）では、定期的に「受け身体質からの脱却」というセミナーを開いているのですが、いつも本当に多くの経営者の方が、わざわざ時間を割いて参加してくれるからです。私たちが開くセミナーの中でも一、二を争う人気なのです。この状況を見る限り、受け身社員問題で悩む経営者が多いことは間違いありません。

しかし、私は一方で、日本には社員が能動的・自律的に動く会社があることも知っています。たとえば、小売・卸売業を営む、ある会社があります。仮にA社としましょう。A社では、日常的に次のようなことが起こっています。

●A社の社員は、自分の仕事が終わっても仲間の仕事を主体的に手伝います。

A社の商品をお客様のもとに配送するドライバーは、毎日、自分の配送分を配り終えたら、近くを走っているドライバーに電話して、状況を確認します。そして、未配送の商品を積んでいる仲間がいたら、どこかで待ち合わせをして荷物を分け合い、手分けして配送を行います。彼らはこうして日々、主体的に助け合っています。

●A社の社員は、よりよい仕事をするために積極的に提案して、実際にやってみます。

あるときから、商品を保管する倉庫の一つで、一日の全配送が終わった後にメンバー全員が集まって倉庫の棚卸しを行うようになりました。きっかけは、あるスタッフが「在庫管理の精度をもっと高めたい」と提案したことにあります。倉庫を仕切るマネジャー以下全員が、そのスタッフの提案を真剣に受け止めて、配送後の棚卸しを日々の業務に組み込んだのです。それを聞きつけた別の倉庫でも同様の動きが広まり、現在では、会社全体で当たり前の習慣として根づいています。

●あるスタッフの考えたサービスが全店舗共通のサービスになりました。
店舗に来店して商品を購入したお客様が、重い荷物を抱えて帰る姿を見て、あるスタッフが自主的に「来店者向け宅配サービス」を始めました。それが全社で話題となり、来店者向け宅配サービスは、ほどなくして全店舗共通のベーシックなサービスとなりました。

●年末年始の繁忙期、本社スタッフや営業が自主的に現場ヘルプに駆けつけます。
年末年始、現場の店舗や配送は大変な忙しさになります。そのことをよく知っている本社スタッフの皆さんは、通常業務が終わると自然に現場へ向かい、配送などのヘルプに入ります。若手社員だけではありません。ベテランの部長・課長層も、寒い中を現場に駆けつけるのです。年末年始は基本的に休みとなる営業部にも、自主的な現場ヘルプを呼びかけるメールが流れて、毎年かなりの数の営業メンバーが手を挙げます。

●誰かが困っていたら、「手伝ってほしい」と発信しなくても周囲が駆けつけます。
中途入社の方が語っていたことです。「A社に入ってびっくりしたのは、自分が管掌しているコールセンターのシステムがダウンしたとき、誰にも『手伝ってほしい』と発信していないのに、仲間たちがどこからともなく続々とコールセンターに集まってきて、次々にかかってくる電話を取り、メモを取り始めたことです。この会社では、そういうことをみんな当たり前のようにやっています。『今はあそこが大変なんだから、みんなで手伝おうよ』という風土ができ上がっているんです」

「嘘だ、作りごとだ、小売・卸売業のような厳しい現場で、そんな主体的な助け合いや工夫などが、日常的に行われる会社があるはずがない」。受け身な社員が多くて悩んでいる経営者の方の中には、もしかしたらそう思う方がいるかもしれません。私は、それは当然のことだと思います。

A社の配送スタッフは、猛暑の日も台風の日も大雪の日もトラックを運転し、外を駆け回っています。しかも、後で詳しく説明しますが、A社の扱う商品はどれもこれも重いのです。私はA社に長年関わり、何度も現場の仕事ぶりを観察してきましたが、正直に言って、私自身は、この仕事をずっと続けられる自信がありません。そのくらい本当に大変な業務です。

こうした小売業や卸売業の仕事を毎日繰り返していたら、受け身になってしまうほうが普通だと思います。やらされ感の塊となり、経営者や上司に不平不満を募らせるのが、むしろ自然なことだと感じます。しかし、A社は実在します。嘘のような会社があるのです。

とはいえ、A社も最初からそうだったわけではありません。むしろ、正反対でした。

これはA社の社長から直接聞いた話ですが、彼が入社した四十年近く前は、A社社員たちのモチベーションには大きな問題があったそうです。欠品やトラブルが日常茶飯事で、大手のお客様との取引がなくなると、「仕事が減って嬉しい」と喜ぶようなメンバーばかりだったと言います。彼らは配達しかやらず、留守番電話の確認・伝票起こし・代金回収などは、すべて現在の社長が一手に引き受けていました。七〜八年間、現在の社長は日々三時間ほどの睡眠で、一人ひたすら働き続けたのですが、それを助けようとする社員はほぼいませんでした。以前のA社は、まさに「受け身な社員だらけの会社」だったのです。つまり、A社はこの四十年ほどで劇的に変わったというわけです。

私は断言しますが、どのような会社も、A社のように変わっていける可能性を秘めています。受け身体質の社員の皆さんを、「自律体質」にしていくことができるのです。率先して動き、先回りして行動を起こし、新たなビジネス環境に自ら適応していくような社員に変えていけるのです。本書では、その方法を説明していきます。

本題に入る前に、簡単に自己紹介をしておきます。私は、最初はリクルートで、２００６年からはＲＣＥで、かれこれ二十年以上、経営トップの課題を解決する「ＣＥＳ（コミュニケーションエンジニアリング・サービス）」を提供する仕事「ＣＥ（コミュニケーションエンジニア）」を続けてきました。また、２００８年から２０１７年までは、ＲＣＥの代表取締役社長も務めました。

ＲＣＥは、そもそもは１９８９年にリクルート社内に設立されたワークデザイン研究室を母体とする会社で、２００６年に設立されました。これまで約千社にサービスを提供してきました。２０２０年10月現在の社員数は二十名弱。リクルートグループの中では極めて小さな会社で、拡大路線を取らずに少数精鋭でビジネスを続けています。

なお、ＣＥＳに関してはこれから少しずつ触れていきますが、独自のコミュニケーション技術（コミュニケーションエンジニアリング）を核としたサービスで、トップと幹部の意思疎通／経営幹部との一枚岩化／組織間連携強化／研究開発マネジメント／事業の戦略推進／営業革新／技能伝承／戦略推進／次世代リーダー、経営者候補の育成／企業ＤＮＡの継承／

プロジェクトマネジメント／企業・事業の合併・統合／新人・若手の定着／新製品の開発／顧客獲得／海外でのビジネス拡大など、多様な経営課題に対してソリューションを提供できるのが特徴です。

本書で紹介するのは、私たちがおよそ三十年にわたって創り上げてきた技術、千社に対して提供してきたノウハウの一端をまとめたものです。第1章から第6章まではそうしたノウハウを、ケースを用いながら順を追って具体的に解説いたします。そして、「主体性と幸せな働き方」をテーマに、本書の共著者である慶應義塾大学大学院システムデザイン・マネジメント（SDM）研究科の前野隆司教授との対談によって、理論的な補足を行っています。

実を言いますとこの本は、新型コロナウイルス感染症が拡大する前に構想、執筆しました。その後、世界をコロナが襲い、それ以前にはまったく想像できなかった状況に今我々は直面しています。そのような状況で、はたしてこの本が伝えたいメッセージは我々が想定している読者の方々にとって意味のあるものだろうか。私も、この本に関わっていただいている仲間も悩み、何度か議論を重ねました。

現時点で我々にはコロナが終わった世界はもちろん、その近未来図でさえはっきりと見えているわけではありません。

ただ世界は、コロナ以前の状況には戻らないということは間違いないことのように思えますし、もしかしたらこれまでの延長線上にはないまったく新しい状況が出現することも十分に考えられます。

それは多くの会社、事業にとって、第二次世界大戦後最大のピンチであり、同時に最大のチャンスが訪れる可能性を意味しています。そして最大のピンチを最大のチャンスに変えるカギは、個人、組織の機動力の大きさ、強さそしてスピードであり、別の言い方をすれば個人、組織の仮説―実行―検証の質と量そしてそのサイクルスピードだと考えています。

なぜならば、これまで企業や事業を支え、成長させてきた製品やサービスは過去の無数の仮説―実行―検証が繰り返された結果の果実ですし、独自のノウハウ、技術は過去の無数の仮説―実行―検証の結晶に他ならないからです。

そして仮説―実行―検証のサイクルを回すエンジンは「人、組織の主体性」とその核心にある「コミュニケーション」「信頼」です。

他方、職場でも密室・密着・密接の「三密」を避ける、非対面、オンラインといった動きが加速しています。そしてそのスピードは当面速くなることはあっても、遅くなることはないでしょう。

それらのことは今の世界では必要不可欠なことですし、それ自体が大きな価値を生み出す源泉にもなります。少なくとも、「いつでも」「どこでも」「気軽に」コミュニケーションが取れるというのはとても大きなメリットです。

半面、対面であればできていた（そして、後から考えると成功の大きなポイントとなっていた）、いわゆる不要不急のコミュニケーションがどうしても少なくなりますし、感じ取ることができていた言外の微妙な情報もキャッチしづらくなります。相手との距離感もつかみにくいですし、良いこと悪いことを含めて、言いにくいことを言う、聞きにくいことを聞くということはやりにくくなります。

これらのことはコミュニケーションの内容とクオリティに影響を及ぼします。

非対面、オンラインのコミュニケーションのメリットを最大限に活かし、デメリットを最小化するためには何が必要なのか。それは本書のテーマでもある、相互のコミュニケーションの土台となる相互信頼の強さです。

相手が普段から口にしていることに嘘はないと信頼できるから、そのことに関して〝こんなことまで〞と思えるくらいの些細なことや、かなり的外れと思えることも口に出すことができます。

相手は自分が何を大事にしているかをわかってくれていると信頼できるから、言いにくいことも言えますし、聞きにくいことも聞くことができます。

こうやって考えてくると、本書でお伝えしたかった内容はコロナ後の世界を生きる経営者、幹部はもちろん、多くのビジネスパーソンにとってコロナ以前のころ以上に意味のあるものだと思えてきました。

なぜならば、この本の中心テーマは「主体性」「コミュニケーション」「信頼」とその創造、発展、強化だからです。

この本がコロナ後の時代、オンライン・非対面の比重が今までにも増して大きくなる時代の新しいコミュニケーションや信頼の在り方を考えるときの一助になればとても嬉しく思います。

２０２０年10月

株式会社リクルートコミュニケーションエンジニアリング
桐岡 隆澄

目次

第6章

二つの事例から成功体験をみる……153

第1章

五つの信頼と兆し展開アプローチ

そもそも、なぜ経営者の皆さんは受け身体質を問題視しているのでしょうか。なぜ私たちは受け身体質になってしまうのでしょうか。どうしたら受け身体質を改善していくことができるのでしょうか。第1章では、まず「受け身体質問題とは何か?」「受け身体質問題にどう対応したらよいのか?」について、詳しく説明していきます。

＞経営者・経営陣には「認識・能力・時間の限界」がある＜

RCEが定期的に開催する「受け身体質からの脱却」セミナーには、毎回、多くの経営者の方が参加しています。彼らの具体的な悩みは、以下のようなものです。典型的なものを少しだけ紹介します。

○ 何か新しいことをしようとすると、部下たちがすぐに「できない理由」を挙げてきて、困っています。

○ 戦略も実行施策も決めて、後は実行するだけなのですが、私が「あれはどうなった？」と聞くまで、部下たちは決して実行しようとしないのです。

○ 私が指示したことしかせず、自分たちで新しい動きを立ち上げることがまったくありません。

○ 私の会社にいるのは、美しい計画を立てるのは得意ですが、主体的に動くのは苦手な社員ばかりです。

○ 担当業務は忠実にこなすのですが、それ以外には一切触れようとしない部下が多すぎます。

○ プロジェクトなどの途中でちょっとでも口を出すと、私の顔色をうかがうようになるので、うかつに口を出せません。

○ 自分が社長だからといって、いつも正しいことを考えていたり、発信できていたりするとは限らないと思います。また、大きな方向性を示すことは得意ですが、細かいことについては詳しくない領域も多々あります。だからこそ、日々部下たちに意見を求めているのですが、何も発言してくれません。

○　社員たちを見ていると、彼らは毎日の仕事が本当に楽しいのだろうかと思うことがよくあります。

なお、ここで言う部下・社員とは、新人・若手・中堅社員だけでなく、経営幹部や部長・課長などのマネジャーも含みます。実際、「経営幹部やマネジャーが受け身で困る」と漏らす経営者も少なくないのです。経営者が日々頻繁に接するのは経営幹部やマネジャーですから、むしろ彼らが問題にしているのは、経営幹部・マネジャーの受け身体質だと言ってもよいくらいです。もちろんその先には、新人・若手・中堅社員の受け身体質問題も広がっているわけですが。

この受け身体質問題は、最近始まったわけではありません。私が大学を卒業して社会に出たのは1983年ですが、その二年前の1981年、早くも「指示待ち族」という言葉が流行語となりました。受け身体質は、そのころからずっと、日本企業では問題として把握されていたのです。しかし、私の知る限り、社員の受け身体質を本当に深刻な問題だと考える経営者が増えたのは、比較的最近のことです。それはいったいなぜでしょうか。

私も明確な答えを持ち合わせているわけではありませんが、おそらく最大の原因は、世界の変化が劇的に速くなり、世界が格段に不確実になったからです。私に言われるまでもなく、経営者・経営陣の皆さんが、誰よりもそのことを強く深く実感しているはずです。そうした世界の中で企業が生き残るには、経営者や経営陣がどれだけリーダーシップを取っても、それだけでは足りません。当然のことですが、社長といえども、組織の全イベントに時間を割くことは不可能ですし、全方位に有効な指示を出すことも、組織内のすべての事柄を把握することもできないからです。経営者・経営陣には、「認識・能力・時間の限界」があるのです。

図表1を見れば明らかですが、実際に経営者・経営陣の皆さんの時間が取れる範囲、指示・命令できる範囲、目が届く範囲は限られています。しかも、その影響力は、年々小さくなっているのが現状です。つまり今後はどの企業も、世界とビジネス環境の変化を組織全体でフォローしなくてはならないのです。メンバー一人ひとりが、経営者・経営陣の代わりになって能動的・主体的に考え、先回りして行動する必要があります。言い換えれば、これからの企業には、多くの「自律社員」が欠かせないのです。

ところが、受け身体質・指示待ち・お役所仕事の社員がたくさんいると、彼らが経営者・経営陣を十分にフォローできず、どこかで経営者・経営陣の限界が、そのまま企業の限界と

図表1　マネジメントの認識・能力・時間の限界

経営者・マネジャーには、どうしても目が届かない、指示・命令できない、時間が取れない部分がある

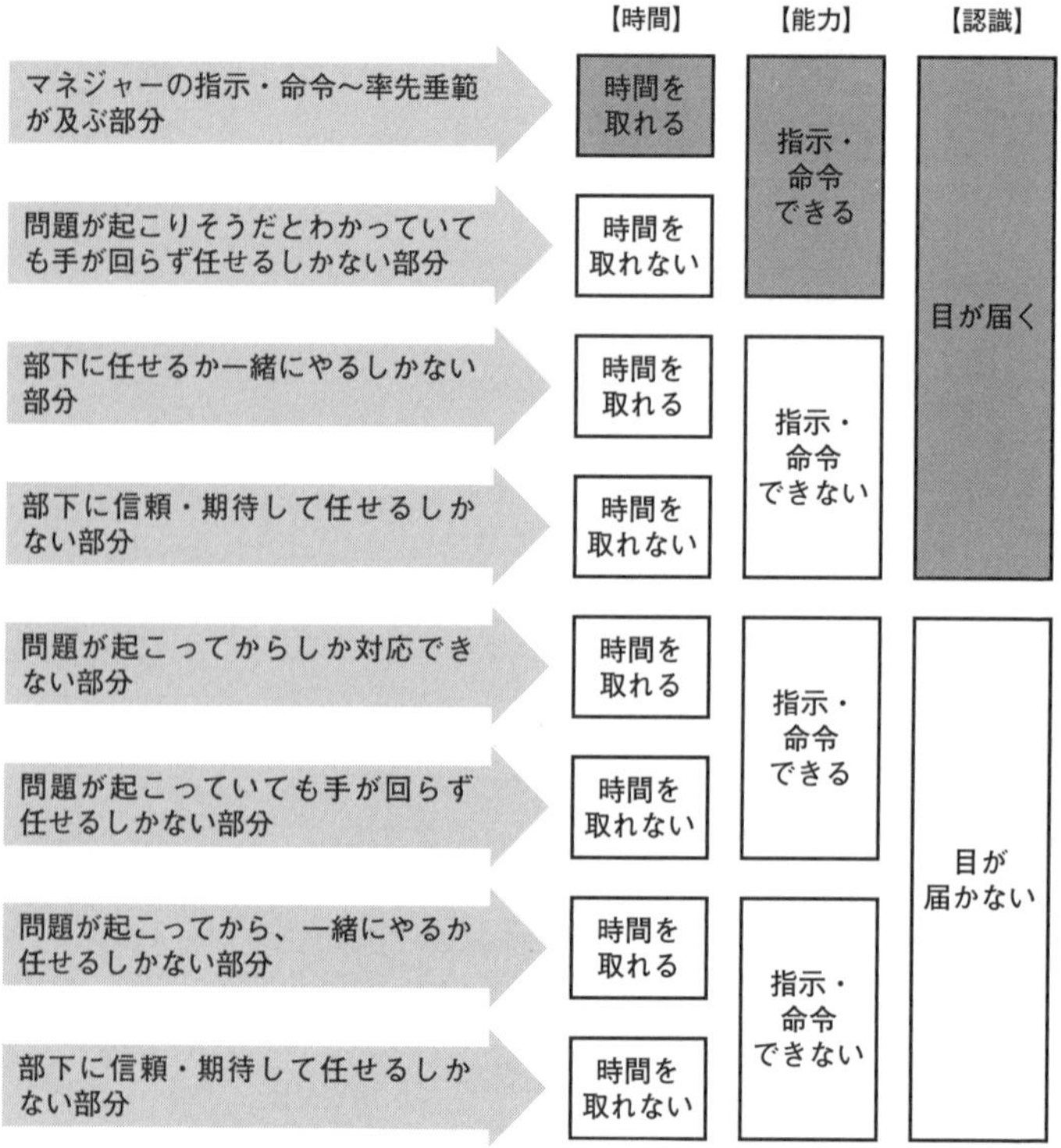

【時間】
【能力】
【認識】
マネジャーの指示・命令～率先垂範が及ぶ部分
問題が起こりそうだとわかっていても手が回らず任せるしかない部分
部下に任せるか一緒にやるしかない部分
部下に信頼・期待して任せるしかない部分
問題が起こってからしか対応できない部分
問題が起こっていても手が回らず任せるしかない部分
問題が起こってから、一緒にやるか任せるしかない部分
部下に信頼・期待して任せるしかない部分
時間を取れる
時間を取れない
時間を取れる
時間を取れない
時間を取れる
時間を取れない
時間を取れる
時間を取れない
指示・命令できる
指示・命令できない
指示・命令できる
指示・命令できない
目が届く
目が届かない

出所：RECRUIT COMMUNICATION ENGINEERING CO., LTD. 不許複製

して表面化してしまい、ビジネスや組織が破綻してしまう可能性があります。だからこそ、社員の受け身体質が、経営者・経営陣にとって重大な問題になってきているのです。彼らの受け身体質を解決できるかどうかが、今後の組織の浮沈を決めると言っても過言ではありません。そのことを熟知し、憂慮する経営者の皆さんが、RCEの「受け身体質からの脱却」セミナーに参加しているということだろうと思います。本書を読んでいるあなたもまた、その一人ではないでしょうか。

多くの社員が「今のままでよい」とは思っていない

ここで、簡単に「受け身体質」を定義しておきます。受け身体質とは、「受動的な見方や感じ方、行動、判断が習慣化してしまっている状態」を指します。また、この本では、受け身体質の対義語を「自律体質」としています。自律体質とは、「プロローグ」でも説明した通り、率先して動き、先回りして行動を起こし、新たなビジネス環境に自ら適応していくような体質のことです。

受け身体質は、生まれつきのものではありません。私たちは、人生のどこかの時点で、周囲からの影響をさまざまな形で受けながら、何らかのきっかけや理由によって、受動的な見方・感じ方・行動・判断をしてしまい、それを何度も繰り返すことで受け身体質になっていきます。そして、いったん受け身体質になると、それ以降は無意識に受動的な見方・感じ方・行動・判断をするようになるのです。

では、受け身体質を改善するにはどうしたらよいのでしょうか。実は、その方法を言葉で説明するのは簡単です。受け身的な習慣を捨て、自律的な見方・感じ方・行動・判断を習慣化すればよいのです。しかし、これは「言うは易し、行うは難し」の典型で、なかなか一歩を踏み出すことができませんし、仮に一歩踏み出したとしても、三日坊主に終わることがほとんどです。受け身体質は、直したいと思っている人が多いにもかかわらず、なかなか直らないところに特徴があり、難しさがあります。

私は、経営者から「我が社の社員の受け身体質を改善してほしい」と言われ、数多くの組織の受け身体質の実態を見てきました。その経験から、受け身体質はおおよそ三つのステージに分けることができると考えています（図表2）。

ステージ1は、組織の当事者たちが「変わる必要を感じていない段階」です。このステー

図表2　「受け身体質」の3ステージ

Stage 1	現状の受け身体質への問題意識が薄い。 ●今の状態から変わる必要を感じていない
▼	
Stage 2	現状への問題意識はあるが、主体的な動きが取れない。 •決して今のままでよいとは思っていないが……
▼	
Stage 3	一時的には主体的に動くが、「三日坊主」ですぐに受け身に戻ってしまう。 •自分から行動したいけれど、いろいろとあって……

出所：RECRUIT COMMUNICATION ENGINEERING CO., LTD. 不許複製

ジのメンバーは、自分たちの受け身体質をそこまで大きな問題とは思っておらず、そもそも変わりたいと思っていません。ステージ2は「今のままでよいとは思っていない段階」で、メンバーは「会議でもっと積極的に発言しなくては……」などと思っているのですが、その思いをなかなか行動に移せないでいます。ステージ3は「三日坊主の段階」で、メンバーは会議でちょっと発言してみたりするのですが、そうした努力が長続きせず、またすぐに元に戻ってしまいます。

私の経験では、ほぼすべての組織はステージ2かステージ3の状態にあります。つまり、経営者が問題意識を抱いているだけでなく、経営幹部やマネジャーはもちろんのこと、実は新人・若手・中堅社員たちも、多くが今のままでよいとは思っ

ていません。「自分を変えたい」「自分たちを変えたい」と思っている人が決して少なくないのです。私がインタビューした人の中で、いつまでも受け身のままでよいと思っている方はほぼゼロでした。

ただし、彼らの多くは、自分が受け身体質だと明確に認識しているわけではありません。ただ漠然と、「もっと能動的に、積極的にならなくては」「もっと行動しなくては」といったことを考えているのですが、行動に移せないか、三日坊主で終わってしまうのです。

受け身体質は意志の力だけでは変えられない

さてここで、受け身体質の改善を考える際に、よく陥りがちな二つの落とし穴についてお話しておきます。

一つ目は、受け身体質の問題を、その人の「意志」の力の問題とみてしまいがちなことです。自分の慣れ親しんだ見方・感じ方・行動・判断の仕方を変え、新たな見方・感じ方・行動・判断の仕方を習慣化していくのは、とてもハードルが高いことです。強烈な体験とそれに基づく深い決意があれば、人の見方・感じ方・行動・判断の仕方は変わると思いますが、そういう体験は人生でそう何度も起こることではありません。

そして、強烈な体験や深い決意がない限り、慣れ親しんだ見方・感じ方・行動・判断の仕方を変えていこうと取り組んでも、たいがいは三日坊主に終わってしまうのです。もちろん、一人ひとりが「自分の受け身体質をどうにかしたい」と思ったり、行動に移したりすることは重要ですが、それだけで問題が解決することはまずありません。

その理由は、人がそれほど強くないからです。私たちはそう考えています。これをお読みの方も、自身のこれまでを振り返れば、自分がいかに見方・感じ方・行動・判断の仕方を変えられなかったか、すぐに気づくのではないでしょうか。その意味で、私たちは「弱い存在」なのです。

私は今後、このことを「前提」にしてお話しします。言い換えれば、私は誰かが自分の意志の力だけで自分の受け身体質を変えられないことを問題とは考えていません。それはむしろ、当然のことなのです。これから詳しく説明していきますが、メンバーの受け身体質を変えるには、単にそのメンバーの力を引き出すだけでなく、大事なことの「再発見・再確認・再創造」と「組織の期待・信頼関係」がポイントだと私たちは考えています。

問題解決アプローチでは解決は難しい

私たちは、問題を目の前にしたときについ、問題の解決方法を探して実行する「問題解決アプローチ」を取ってしまいがちです。これが二つ目の落とし穴です。なぜなら、部下・状況をあるべき姿と比較し、そのギャップを問題・不足としてとらえ、原因を分析し、対策を考え解決していこうという問題解決アプローチは、受け身問題の解決には向いていないからです。

私やRCEの仲間たちは、これまで本当に数多くのビジネスパーソンにインタビューしたり、サービスや研修の場でお話ししたりしてきました。図表3は、その中でも特によく耳にしてきた「課題に対して動かないことをめぐっての部下たちの声」をまとめて、整理したものです。

できれば経営者の皆さんには、ここでいったん部下時代に戻った気分で、図表3をじっくり眺めていただけたらと思います。いかがでしょうか。いったん部下の立場に立ってみる

図表3　課題に対して動かないことをめぐっての部下たちの声

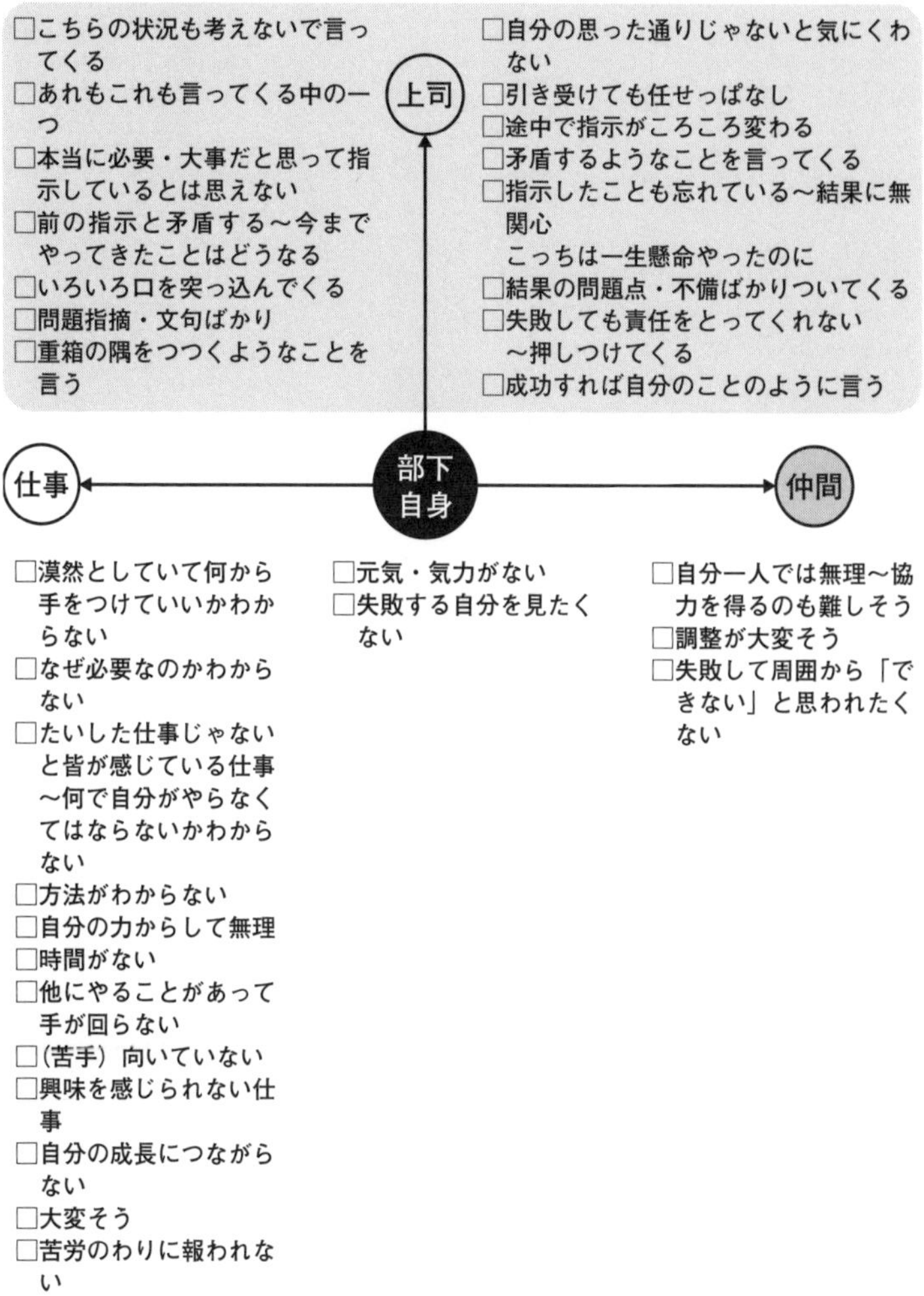
上司
□こちらの状況も考えないで言ってくる
□あれもこれも言ってくる中の一つ
□本当に必要・大事だと思って指示しているとは思えない
□前の指示と矛盾する～今までやってきたことはどうなる
□いろいろ口を突っ込んでくる
□問題指摘・文句ばかり
□重箱の隅をつつくようなことを言う
□自分の思った通りじゃないと気にくわない
□引き受けても任せっぱなし
□途中で指示がころころ変わる
□矛盾するようなことを言ってくる
□指示したことも忘れている～結果に無関心
こっちは一生懸命やったのに
□結果の問題点・不備ばかりついてくる
□失敗しても責任をとってくれない～押しつけてくる
□成功すれば自分のことのように言う
仕事
部下自身
仲間
□漠然としていて何から手をつけていいかわからない
□なぜ必要なのかわからない
□たいした仕事じゃないと皆が感じている仕事～何で自分がやらなくてはならないかわからない
□方法がわからない
□自分の力からして無理
□時間がない
□他にやることがあって手が回らない
□（苦手）向いていない
□興味を感じられない仕事
□自分の成長につながらない
□大変そう
□苦労のわりに報われない
□元気・気力がない
□失敗する自分を見たくない
□自分一人では無理～協力を得るのも難しそう
□調整が大変そう
□失敗して周囲から「できない」と思われたくない

出所：RECRUIT COMMUNICATION ENGINEERING CO., LTD. 不許複製

と、部下の言い分の多くは「ごもっとも」ではないでしょうか。皆さんも、今のような大きな役割と責任を背負う以前には、誰かの部下として働きながら、なかなか前向きになれなかった時期、一歩を踏み出せなかった時期があったはずです。そのときには、皆さんも多かれ少なかれ、このように感じていたのではないでしょうか。そうやって部下の目線に立ってみると、彼らが受け身体質になるのは、ある程度当然のことではないかという気がしませんか。

とはいえ、これらの声の中には、浅いものから深いものまで、いろいろなレベルのものがあることも確かです。上司が気をつければすぐに改善できるようなこともあれば、そう簡単には改善できないかもしれないと感じることもあるのではないかと思います。一方で、自分の責任ではなく、単なる部下の言い訳やわがままにしか見えないこともあるでしょう。

このように考えていくと、これらの声の一部をなくすことなら可能かもしれませんが、すべてを解消するのはとうてい不可能に思えないでしょうか。私には、そう思えてなりません。この図表を見るだけでも、会社組織から受け身体質の要因を一掃するのは不可能だということは明らかです。

さらに言えば、図表3では部下の声をひとまとめにしていますが、本当は部下一人ひとりによって、視点や意見が少しずつ異なります。これは、皆さんの部下を個別に思い浮かべていただければ、容易に想像がつくことでしょう。社員や部下が少なく、一人ひとりに関われる状況であれば、個別に対策を打っていくことがある程度は可能かもしれませんが、多くの企業は、現実的にはそうした手段を講じることはできません。

このようにして考えると、部下一人ひとりの受け身体質の原因を探り、それを解決・解消しようとする「問題解決アプローチ」では、問題が並列でたくさん並んでしまい、原因―対策はきりがなく錯綜してしまいます。組織と個人の受け身体質の改善は問題解決アプローチでは難しいのです。これが、多くの経営者がこの問題に悩む大きな要因の一つです。

組織内の信頼を高めれば、社員のモチベーションは上がる

この二つの落とし穴にはまらずに、受け身体質を脱却するにはどうしたらよいのでしょうか。私たちの結論は、「信頼」「大事にすること」「再発見・再確認・再創造」「兆し展開アプローチ」の四つを重視することです。すなわち、次の方針を取るのです。

○「信頼」を中心に置いて、組織の仲間たちとともに受け身体質を変えていく
○「大事にすること」を言葉にして、組織の思いを一致させる
○「再発見・再確認・再創造」を支援して、受け身体質を少しずつ変えていく
○「兆し展開アプローチ」を取って、メンバーの主体性を高めていく

私たちのアプローチについては第3章で詳しく説明しますが、ここでは特に重要な「信頼」と「兆し展開アプローチ」について少し説明します。

RCEでは、信頼こそが、社員の受け身体質を改善する最も大切なカギだと考えています。なぜなら、信頼が、そもそもヒトの存在のど真ん中にあるからです。普段、こんなことは考えないと思いますが、私たちがもし仮に周囲のすべてを信頼できなくなったら、私たちは生きていくことができません。この説明だけではわかりにくいと思いますから、具体的に少し見ていきましょう。

朝起きて、水を飲みたいと思ったとき、もし水道を信頼できなければ、水道水を飲むことができません。コンビニで水を買おうにも、日本円が信頼できなければ、買うことができま

せん。どうにかしてペットボトルの水を手に入れたとしても、そのメーカーが信頼できなければ、怖くて飲めません。このようにして、私たちは常に、考えていくときりがないほど、信頼に囲まれて生きているのです。信頼なしには、社会的な生活は送れません。

信頼できる情報は、意識的に検討しなくてもよくなります。日本円は、少なくとも今のところ十分に信頼できる通貨ですから、日本で生活するときに円を何かに変える必要はありません。何も考えず、そのまま使えばよいのです。ところが、世界には通貨が信頼できない国があります。その国民は、自国の通貨を米ドルに換金しておくといった対策をしなくてはなりません。信頼できないものに対しては、いつもこのように余計な検討や選択が必要となるのです。逆に、信頼のシステムが最も高度に結晶しているものの一つがクレジットカードで、信用のあるクレジットカードを一枚持っていれば、それだけで私たちはさまざまなところで簡単にショッピングをすることができます。

このように考えると、何か自分がやりたいことに集中するには、さまざまな信頼が成り立っていることが重要だということがわかります。信頼があるからこそ、私たちは何も考えずに水道やペットボトルの水を飲み、買い物ができるのです。そうした社会的なベースがあってはじめて、私たちは毎日、仕事や勉強などに集中できるのです。

こうした信頼の性質は、会社内でもまったく同じです。十分に信頼を置ける部下なら、上司は安心して仕事を任せることができ、自分は他の業務にパワーを割くことができます。信頼が極めて高い場合には、上司と部下がほとんどコミュニケーションを交わさなくても、物事がある程度スムーズに進んでいくでしょう。また、メンバー同士が信頼しあっている組織は、効率よく成果を上げていくことができます。ところが、部下を信頼できないと、上司はこまめに業務をチェックしたり、場合によっては業務をフォローしたり、普段からその部下のことを気にしたりしなくてはなりません。信頼できない部下がいる上司には、こうやって余計な仕事が増えていくわけです。

一方で、メンバーの立場に立てば、組織が自分のことを期待・信頼してくれていると思えてはじめて、その組織が大事にしていることや目指していることに共感・信頼できます。また、組織が目指していることの価値を信頼できるからこそ、その実現のために主体的に行動できます。この仕事は意味があると信頼するからこそ、その実現のために努力できますし、上司や同僚が信頼してくれていると思えるからこそ、その信頼に応えようという気持ちになります。信頼できる上司・同僚がいるからこそ、思い切ったチャレンジができますし、明けない夜はないと信頼できるから、つらい状況にも耐えて進んでいけます。そして、自分への信頼があるから、正解がわからない中でも決断でき、諦めそうになったときにも自分を支えられるのです。これに類する例は、いくらでも挙げることができます。

一言で言えば、私たちは自分や周囲を信頼できる状況にあるほど、質の高い仕事ができるのです。こうした信頼の性質を踏まえて、私たちRCEは、組織内のさまざまな信頼を高めることが、社員の受け身体質を改善していく一番の近道だと考えています。組織内の信頼を高めれば、社員一人ひとりの働く意味や価値、ひいては生きる意味が明確になり、彼らのモチベーションが上がるのです。そのことが、受け身体質を改善する特効薬になるというわけです。これが、受け身体質脱却の第一の原則です。具体的にどういうことなのか、これから詳しく説明していきます。

なお、私たちRCEは、ビジネスにおける信頼を次のように定義しています。ビジネスにおける信頼とは、10％、20％の空白・不安・疑念をジャンプするリスク・テイクの投資です。

私たちが何かしらビジネス上の選択や決断をするときには、少なくとも10％や20％の空白・不安・疑念がついて回るものです。難しい選択・決断なら、その割合はさらに高まるでしょう。たとえば、日本円を使うときの空白・不安・疑念はほぼ0％でしょうが、経営者やマネジャーが部下に仕事を任せるときには、どんなに信頼できる部下であっても、よくよく考えてみれば、絶対に成功する根拠はありません。ですから、上司には、「彼・彼女に任せて大丈夫だろうか」「思った通りにやってくれるだろうか」といった気持ちが必ずどこかにあるはずです。信頼とは、そうした空白・不安・疑念を飛び越えて、リスクを取りに行く行為なのです。

こうした信頼の性質を踏まえて、私たちは「信頼の二つのルール」を重視しています。ルール①は「信頼が外れたときの責任を自分に帰すこと」、ルール②は「リスクを選ぶこと」です。

「信頼が外れたときの責任を自分に帰す」とは、自分が信頼した意見が間違っていたり、信頼した相手が成果を出せなかったりしたとき、その責任—結果は、信頼した自分の側にある、ということです。結果が不確実だから、部下を信頼できないというのは、信頼とは無縁の考え方です。先ほども言った通り、信頼にはリスクが必ずつきまとうのです。結果の確実性が高いなら、そもそも信頼など必要ありません。

「リスクを選ぶ」とは、メンバーの何を信頼するのかを明確にすることです。また、それを信頼する根拠を明確にすることです。根拠なくリスクを取るのは、信頼ではなく、単なる身勝手な期待です。

実績や結果を信頼するのは、誰でもできることです。結果が出るかどうかわからないときにも、部下を信頼して任せられるかどうかが、マネジャーの分かれ道です。部下を信頼することは、常に自己責任とリスクを負うことだと理解してください。要はビジネスにおける信頼とは、相手について信頼できるか／できないかではなく、自分が相手を信頼するか／しないかなのです。

本書では、以上の信頼の定義を前提に話を進めていきます。

小さな兆しに注目する「兆し展開アプローチ」

兆し展開アプローチとは、部下・状況をあるべき姿と比較し、積極体質になる可能性・兆しが必ず隠れているという前提に立って接し、その可能性・兆しを発見し、伸ばし、展開していこうというスタイルです。

兆し展開アプローチを推進するときに、ぜひ注意していただきたいポイントがあります。それは「どんな状況、メンバーの中にも可能性・兆しが必ずある」という前提に立ってメンバー、チームを見るということです。ＲＣＥではそのことを「プラス着眼・兆し着眼」と呼んでいます。対義語は「問題着眼」です。問題着眼はどうしても問題解決アプローチにつながってしまいます。それは避けなければなりません。

しかし私たちは、放っておくと、どうしても問題着眼に陥りがちです。プラス着眼・兆し着眼を明確に意識しなければ、いつの間にか問題着眼になってしまうことが多いのです。そうなると、なかなか展開の可能性を秘めた兆しは見えてきません。問題着眼を避けるには、部下が受け身体質を脱却しようとする小さな兆しに注意して、それを突破口にしていくプラス着眼・兆し着眼を持つことが大切です。

この小さな兆しは、さまざまなところにふと現れます。たとえば、これまでは自信なさげに、誰かから借りてきたような言葉をもごもご話していた社員が、あるとき突然、こちらの顔を正面から見つめて、はっきり答えるようになるという場面に遭遇した社長がいました。これなどは、比較的わかりやすい兆しです。

その他、女性社員が長かった髪の毛をバッサリ切ってきたり、広報社員がプレゼンテーションのときに必ず手にしていたタブレット端末に頼るのを止めたり、昨日までは促されるまで発言しなかった社員が真っ先に発言したりといった行動にも、密かな決意が隠れている可能性があります。もし経営者の皆さん、あるいはマネジャーの方々がこうした兆しを感じ取ったと思ったら、それとなく部下とコミュニケーションしてみてください。そして、その行為の背後にどんな気持ちの変化があるのか、何か決意があるのかを確認してください。もちろん、単なる勘違いのこともあるでしょうが、そうでないことも多いはずです。そして、その気持ちの変化や決意に共感したら、そのことを率直にフィードバックしてください。たったそれだけで、受け身体質を脱しようとする部下の主体的な行動が続く可能性が高まるはずです。

古代中国のことわざに、「男子、三日会わざれば刮目してみよ」という言葉があります。本当は別に男子だけでなく、老若男女が例外なく、短期間に変化する可能性を秘めています。本当は、誰もが今のままでよいとは思っておらず、自分なりに考え、行動し、手応えを感じたいとどこかで感じているのですから、これは当然のことです。ただし、それがいつどのように起こるかはわかりません。ですから、兆し展開アプローチを進める際には、部下のちょっとした変化に目を凝らす必要があります。これは決して簡単ではありませんが、兆しにいったん気づいたら、それがそのまま受け身体質の脱却につながることがある、ということはぜひ理解してください。

「五つの信頼」をプラスに変えればよい

RCEでは、企業における信頼を五つに分類しています。次の五つです。

① 会社への信頼
② 仲間への信頼
③ 仕事の意味・価値
④ 仕事姿勢・行動原則
⑤ 自信（自分への信頼）

この五つを図表に表すと、図表4のようになります。私たちがこれまで三十年にわたって

図表4　自律体質になるための五つの信頼

ポイント	内容
❶会社への信頼	●この会社を選択して良かったと感じている ●会社の考え方・方針に共感できる
❷仲間への信頼	●この仲間たちと一緒に仕事をしていきたい（一体感を感じる） ●上司・先輩から学べることがいろいろある ●期待・信頼できる仲間や部下だと感じる ●仲間や部下からの期待・信頼を感じる
❸仕事の意味・価値	●今の仕事につけて良かったと思う ●仕事にやりがいを感じる ●事業や仕事を通して会社に役立てていると感じる ●事業や仕事を通して顧客・世の中に役立てていると感じる ●自分の事業や仕事の中身、意味について周囲・友人に語れる
❹仕事姿勢・行動原則	●原則・基本を大事にして諦めずに努力すれば、たいていのことは成し遂げられると思う
❺自信	●今の仕事を通して成長できると感じる ●会社・事業・仕事が変わってもやっていけそうな気がする ●この先、事業や仕事で困難に遭遇しても乗り越えられそうな気がする

出所：RECRUIT COMMUNICATION ENGINEERING CO., LTD. 不許複製

九百社もの社員の方々を観察したり、インタビューしたりしてきた結果、この五つの信頼が高い社員のほとんどが自律社員でした。受け身体質脱却の一番のカギは、やはり信頼なのです。

つまり、「この会社を選択して良かった」「この仲間たちと一緒に仕事をしていきたい」「今の仕事につけて良かった」「今の仕事を通して成長できる」と感じていて、原則・基本を大事にして諦めずに努力すれば、たいていのことは成し遂げられると思っている人は、まず間違いなく、受け身体質から脱却しているのです。これは、経営者の皆さんの直感ともズレていないのではないかと思うのですが、いかがでしょうか。

こうした論理のもと、私たちは、皆さんの受け身体質を改善するサービス（CES）を行い、実際に数多くの企業の方々を受け身体質から自律体質へと導いてきました。兆し展開アプローチを通じて、社員の皆さんの五つの信頼をマイナスからプラスに変えることで、組織内の受け身体質問題を解消してきたのです。これが現時点での私たちの結論です。

そして会社との信頼、仕事の意味・価値、仕事姿勢・行動原則、自信をプラスに変え、その状態を維持し風化を防いでいくために重要となるのが「仲間への信頼」を高めることです。この後は、それがどういうことなのか、なぜこのことが重要なのかといったことを詳しく説明していきます。

＞知識と技術は根本的な問題ではない＜

次の章に行く前に、もう一つ大事なことをお伝えしておきます。それは、五つの信頼とは別に、「知識・技術」の要素があることです。

何かを成し遂げる上で、知識・技術がなければならないことが多いのは事実です。特に難易度が高い仕事、努力が成果に比例しないような仕事は、やる気や努力だけでは何ともなりません。現状の知識や技術では太刀打ちできない問題を前にして、前に進めない、チャレンジする気になれないことは、実際にさまざまな場面でありえます。図表3にも、「何から手をつけていいかわからない」という声が上がっていました。

しかし本書では、知識・技術には特にフォーカスしません。なぜなら、知識・技術は自律的な姿勢があってはじめて活かせるもの、身につくものだからです。

実際には、経営者やマネジャーの皆さんから見て、知識・技術だけが大きな障害となっていると感じることは、それほど多くないはずです。なぜかといえば、第一に、自分から行動を起こせる社員は、何も教えなくても自主的に勉強したり、誰か詳しい人を連れてきたりして、自らの不足を補いながら、行動する中で知識・技術を自分なりに吸収していくからです。第二に、受け身体質の社員にいくら知識・技術を教えようとしても、なかなか自分のものにしてくれないからです。第三に、多くの企業が、すでに数々の研修プログラムやＯＪＴなどの人材育成施策をいくつも実行し、十分なノウハウを持っているはずだからです。

つまり、研修プログラムやＯＪＴなどの施策が整っている会社では、社員の皆さんが自律的になったら、それだけで自ずと知識・技術の問題が解決していくことが多いのです。問題の根本は、ほとんどの場合、社員の受け身体質にあるのであって、知識・技術にはないのです。事実、ＲＣＥの「受け身体質からの脱却」セミナーでは、知識・技術がボトルネックになっているという経営者の悩みはめったに耳にしません。ですから私は、技術・知識の問題について詳しく触れる必要はないだろうと考えています。その分、五つの信頼について、具体例を挙げながら詳しくお伝えしていきます。

第2章

会社への信頼を高める

——受け身体質改善の方法①

第2章では、五つの信頼の一つ、「会社への信頼」を高める方法を紹介します。また、なぜ会社への信頼を高めることが重要なのかも詳しく説明していきます。

「会社への信頼」とは、そこで働く人が「この会社を選択して良かったと感じている」ことです。会社への信頼を高めたり低めたりする要素はいくつもあります（図表5）。①「会社の社会的ステータス」②「会社の成長性」③「経済的報酬」④「福利厚生」⑤「仕事環境」⑥「制度・システム」⑦「会社の考え方・方針」⑧「組織への参加感」⑨「風土」が、その主な要素です。（※厳密に言えば、「仲間との信頼」や、仕事の意味・価値への信頼につながる「社会的貢献感」と「仕事内容・キャリア」、自信につながる「自分の成長感」も会社への信頼を左右しますが、これらは他の三つの信頼（仲間への信頼、仕事の意味・価値、自信〈自分への信頼〉）とそれぞれ密接に関係していますので、後の章で詳しく触れます）

これらの要素がプラスに作用すれば、社員は自社に所属していることに十分な価値・意味・誇りを感じるはずです。それこそが、会社への信頼が高い状態です。では、その状態をつくるにはどうしたらよいのでしょうか。

図表5　「会社」に価値を感じる要因

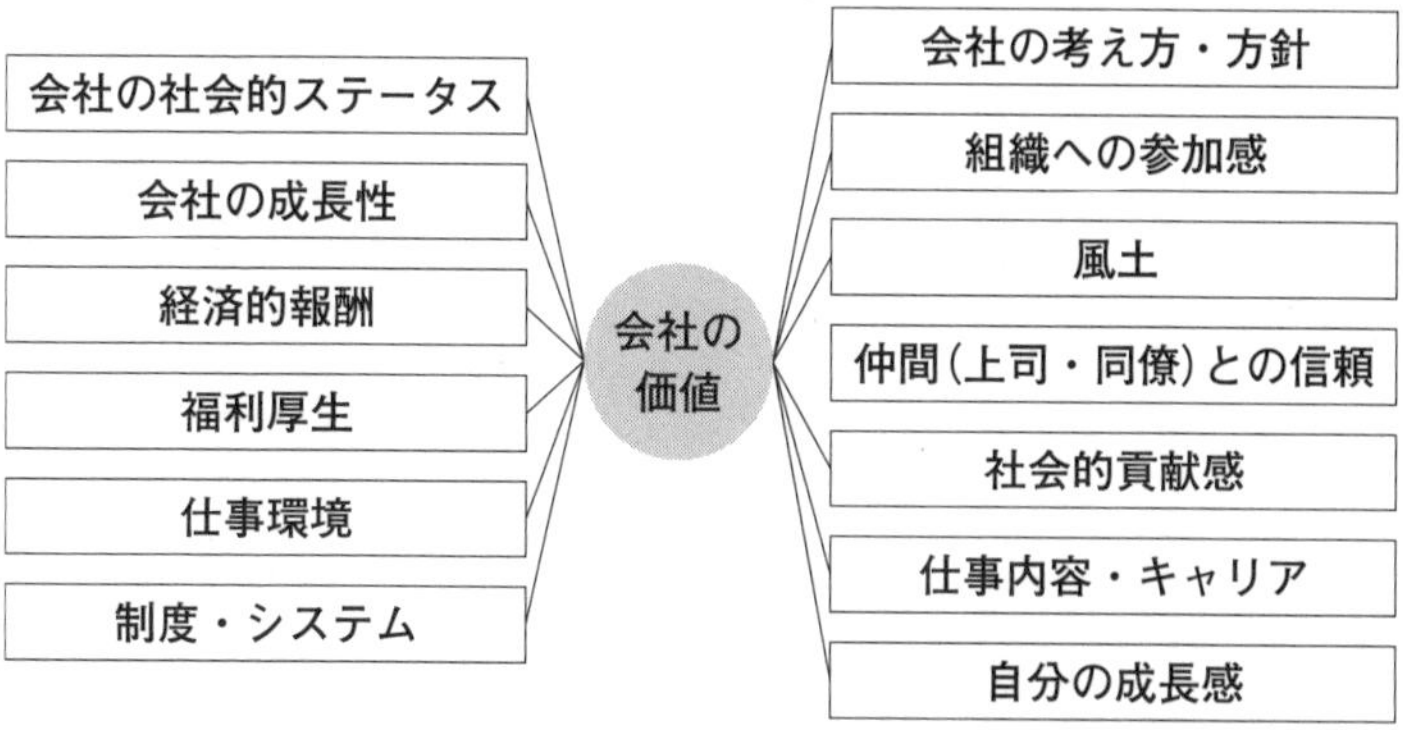

出所：RECRUIT COMMUNICATION ENGINEERING CO., LTD. 不許複製

「会社の考え方・方針」が会社への信頼を左右する

ここまでのことは、経営者の皆さんなら、少なくとも大枠は同意していただけるだろうと思います。

ただ同時に、こうも感じるのではないでしょうか。

「そうは言われても、会社の社会的ステータスや経済的報酬は、一朝一夕で好転するものではないんですよ」。あるいは、このように感じる方もいるかもしれません。「制度やシステムはいろいろと手を打ってきましたが、それで社員の受け身体質が改善したとは思えないんですが……」。

私も、それはその通りだと思います。会社への信頼を左右する要素の中で、特に重要なのは「会社の考え方・方針」であり、それ以外はいったん脇に置いてかまわないというのが、私たちRCEの考え方です。

会社への信頼を左右する要素を一つひとつ検証しながら、なぜ会社の考え方・方針が重要なのかを説明したいと思います。

1　会社の社会的ステータス

会社の社会的ステータスが高いことが、良い会社で働けて嬉しいと感じる要因や、ある種の優秀な人材をひきつける要因になることは間違いないでしょう。

ただし、一般的には、社会的ステータスが高い会社に属しているだけで、その会社を選択してよかったと強く感じられるとは思えません。現に、私がこれまで取材してきた限りでは、社会的ステータスが高い会社に属している人の中には、会社に信頼感を置いている人もいれば、そうでない人もいました。社会的ステータスの高さは、必ずしも会社への信頼を高めるとは限らないのです。それどころか、社会的ステータスの高さが、会社への依存を生み、かえって受け身体質をつくってしまうことにもなりかねません。

そして、何より重要なのは、会社の社会的ステータスを高めることは簡単ではない、自社の力だけではどうにもならないという現実です。

以上を踏まえると、会社への信頼の向上や受け身問題の改善を実践するとき、会社の社会的ステータスに注目することは適当ではないと考えます。

2 会社の成長性

会社が成長していることも、会社の社会的ステータスと同様の効果があることは間違いないでしょう。会社の成長性には、積極的・能動的・挑戦的な人材をひきつける力があるのです。

彼らは、先達の築いた土台の上で積極的に活動して成果を出すでしょう。その過程で、多くのステークホルダーから有形無形のフィードバックを受けて、一層の成長を遂げ、ますますモチベーションを高め、さらに大きな成果を出していく。成長企業では、こうした好循環がよく見られます。

これらは言わずもがなのことでしょう。難しいのは、会社を成長軌道に乗せることで、そのためにはまず、現状の社員の受け身体質を変える必要があります。つまり、会社の成長性を気にしたところで、受け身体質の問題は解決しないのです。逆に言えば、社員の受け身体質をいったん改善できれば、会社は成長軌道に乗り、自律体質の社員が増えていく可能性が大きいということです。会社の成長性は横に置いて考えましょう。

3 経済的報酬、福利厚生、仕事環境、制度・システム

会社の社会的ステータスと同様、経済的報酬が高いことも、良い会社で働けて嬉しいと感じる要因や、ある種の優秀な人材をひきつける要因になることは間違いないでしょう。ただ、社会的ステータスと同様に、経済的報酬の高さだけで、その会社を選択してよかったと強く感じられるとは思えません。私がこれまでに経験してきたインタビューでは、経済的報酬の高い会社に所属する人の中には、会社に信頼感を置く人も、そうでない人もいました。

加えて、経済的報酬を高めることには、「一時的な効果しかない」という問題があります。たとえば、ある社長はこのようなことを語っていました。「自分が今の会社に戻ってきたとき、うちの会社は他社と比べて明らかに給与が低かった。これでは社員もやる気にならないだろうと思い、給与を上げた。そのときは社員も喜んでくれたが、その喜びは、それほど時間が経たないうちに失われた。もしかしたら金額が少ないことが原因かと思い、再び給与を

上げた。そのときもやはり社員たちは喜んでくれた。モチベーションも上がったように感じた。しかし1回目と同じように、それは間もなく元に戻ってしまった。こんなことを三回くらい繰り返したが、現在の社員のやる気は、私が戻ってきたときとほとんど変わっていない」。彼は、経済的報酬の性質の真実を語っていると思います。経済的報酬が上がると、そのときは嬉しいのですが、人はすぐにその状態に慣れてしまうのです。

私は、経済的報酬が会社への信頼を高める上でまったく影響力を持たないと言いたいわけではありません。採用活動をより有利に進めるためにも、従業員のモチベーションを維持するためにも、総合的に判断して可能ならば、経済的報酬を高めるに越したことはないと思います。ここで言いたいのは、経済的報酬は会社の社会的ステータスと同様に、会社への信頼を高める本質的な要因ではないということです。

「福利厚生」「仕事環境」「制度・システム」なども、この点では経済的報酬と同じような性格を持ちます。言い換えれば、経済的報酬、福利厚生、仕事環境、制度・システムは、フレデリック・ハーズバーグの「衛生要因」と捉えてよいでしょう。衛生要因とは、不十分なときには不満を感じるが、十分であっても満足感をもたらさない要素です。つまり、経済的報酬、福利厚生、仕事環境、制度・システムは、いくら向上させたところで、社員のモチベーションや会社への信頼を高める効果はあまりないのです。ただし、これらが良くないと不満をもたらしますから、先ほども言った通り、良くできるなら良くするに越したことはありません。

一方で、これも大事なポイントですが、経済的報酬、福利厚生、仕事環境、制度・システムは、この後に取り上げる「会社の考え方・方針」と密接に関係する部分があります。会社の考え方や方針を、経済的報酬、福利厚生、仕事環境、制度・システムに具体的に反映すると、それが社員への効果的なメッセージとなり、会社への信頼を高めることにつながるケースがあるのです。経済的報酬、福利厚生、仕事環境、制度・システムだけを高めても効果は薄いのですが、それらを会社の考え方・方針に絡めると、優れた効果を発揮することがある、というわけです。

このことについては、次章で詳しく説明します。

4 組織への参加感

組織への参加感とは、自分が所属する組織、ひいては会社の運営、活動に参加できている実感があることを指します。それは、人として認められている、期待されている、信頼されているという実感につながります。

人は、組織への参加感が得られる場や機会、たとえば全社ミーティングや重要な会議などに同席するだけで、所属する組織に好意を抱き、その組織の名のもとに提示される意思決定や情報を受け入れることが多いものです。ですから、組織への参加感を高めることは、抽象的で曖昧になりがちな会社の考え方・方針を社員に伝える具体的なメッセージとして機能し、会社への信頼を高める上で重要な働きをすると考えています。

ですから、全社ミーティングなど、組織への参加感が得られる場や機会を用意することは極めて重要ですが、その場や機会が効果を発揮するためには、まず参加する場・機会が魅力的である必要があります。またその上で、参加したリアリティが感じられることも大切です。「発言や自己表現の機会が多い」「それが傾聴される・受け入れられる」「それによって参加先に変化が起きる」といったことによって、参加のリアリティが生まれなくてはなりません。

この基準に照らすと、多くの参加施策は、形だけ・入口だけの参加になっている場合がほとんどのように思われます。

5 風土

1920～30年代、ハーバード大学のエルトン・メイヨーのチームは、「ホーソン実験」によって、会社内には、役職・制度をベースにしたフォーマルな組織とは別に、気の合う友達や飲み仲間、遊び仲間、サークルなどのインフォーマルな組織が存在すること、インフォーマルな組織の規範が従業員の行動を規制し、作業能率に重要な影響を及ぼすことなどを明らかにしました。

いわゆる「風土」は、インフォーマルな組織規範の代表的なものです。風土は、役職・制度・公的なチーム以外の部分で形成されることが多いのです。これが組織に大きな影響を及ぼすことについて、多くの言葉を用いる必要はないでしょう。私は、組織メンバーを無意識の部分でマネジメントしているのは風土だ、と言っても言いすぎではないと考えています。

とはいえ一方で、風土はわかったようでわからないものでもあります。だからこそ、風土を変えよう、創業期の風土を取り戻そうと思ったときに、具体策がなかなか見つからないのです。

ただ、以下のことは言えるのではないでしょうか。組織の風土をつくりあげる最初の種は創業者の中にあり、次章で述べる会社の考え方・方針の共有と浸透のプロセスが、長い間繰り返されるうちに風土はつくられていくものである。つまり、風土も、会社の考え方・方針から始まっており、風土の中核には会社の考え方・方針があるのです。

6　会社の考え方・方針

こうして考えていくと、最後に残るのは、会社の考え方・方針です。

会社の考え方・方針に共感、信頼できるから、「この会社を選択して良かった」と感じる。これは当然のことでしょう。だからこそ、多くの経営者が会社の考え方・方針を明確にして、磨き上げ、共有・浸透することに熱心に取り組んできたわけです。

ただ一方で、会社の考え方・方針の共有・浸透がうまくいかないという声もたくさん耳にします。もっと言えば、これまで私は数多くの経営者に会ってきましたが、会社の考え方・方針の共有と浸透について、自分に合格点を出せる経営者は一割もいないというのが実感です。

会社の考え方・方針の共有・浸透が、会社への信頼を高める重要な要素であることは間違いないのですが、具体的な課題解決の方法がはっきりしておらず、共有や浸透がなかなか進んでいないのも、会社の考え方・方針の特徴です。

＞会社への信頼が上がるも下がるも経営者次第＜

結局、会社への信頼を高めるためには、会社の考え方・方針の共有・浸透に注力しなければならないのです。その具体的な方法は、次の第3章で詳しく説明します。

ただ、ここで一つ重要なことに触れておきます。それは、会社の考え方・方針を共有・浸透させるのは経営者にしかできないことだ、ということです。つまり、会社への信頼が上がるも下がるも、実は経営者次第なのです。社員が受け身体質になるかどうかは、経営者の言動・意思決定に依るところが大きいのです。

そのことに関する事例をいくつか紹介します。私たちのお客様の中に、ある専門学校・B校があります。このB校に、一生懸命アルバイトをして学費・生活費を稼ぎながら、苦労して通っていた一人の学生がいました。卒業時、彼はすでに就職内定が決まっていたのですが、アルバイトが忙しく、出席日数が足りなかったために卒業要件を満たしていませんでした。そうした場合に最も多いのは、卒業証書を一応発行して、彼の就職内定を認める形で終わりにする学校だと思います。また、たとえ就職内定が取り消されても、卒業証書を出さない厳しい学校もあるでしょう。ところが、この学校は、仮の卒業証書を出して、いったん就職させた上で、彼の仕事が休みの日に特別授業を開いて、卒業要件を満たす分の授業を受けさせ、すべての授業が終わった後に彼だけのための卒業式を開催したのです。

私は、厳しい学校が悪く、B校のような学校が良いと言っているわけではありません。重要なのは、この専門学校が「生徒一人ひとりを大事にする」という経営思想を掲げ、一貫してその通りにしているということです。その裏には必ず、経営者のブレない判断や言動があるはずです。それが少しずつ社風を形成していくのです。経営者・経営陣がいつもブレない判断・言動をするという「安心感・信頼感」があれば、現場の社員の皆さんは、自分たちの判断で、その場その場で経営思想に即した判断・言動をとりやすくなります。そうやって少しずつ醸成されていく安心感・信頼感が、会社への信頼を高めていきます。

もう一つ、例を挙げましょう。高齢者向け食品小売企業・C社で、ある社員が、自社のある製品の在庫が山積みになっているのを見て、「この商品は回転が悪いので、取り扱いを止めるべきじゃないでしょうか？」と社長に提案しました。そうしたら社長は、「いや、止めないよ。私たちは、一人でもその商品を必要とするお客様がいる限り、その商品を提供し続けるんだ」と言ったのだそうです。それを聞いて、社員の方は強い感銘を受け、その会社で働き続ける意志がより鮮明になったと言います。「お客様を第一に考える」という企業目的と経営思想を、社長自身が嘘偽りなく貫いて経営していることを実感できたからです。

このようにして、自分を曲げてもおかしくない場面、むしろ曲げるのが普通ではないかと思われるような場面で、自分の意志や経営思想を貫き通すことが、社員の士気、会社への信頼を大きく高めることがあります。社員は、窮地に陥ったとき、追い詰められたときに、社長の本音や覚悟が見えることをよく知っているのです。

いかがでしょうか。経営者の皆さんが一貫した言動・判断をとることが、社員の受け身体質を改善していくうえで欠かせないことが伝わったでしょうか。

第3章

他の四つの信頼を高める

——受け身体質改善の方法②

この章では、五つの信頼のうち、会社との信頼を除いた「他の四つの信頼」を高める方法を紹介します。第2章の方法と合わせて、これで五つの信頼を高めることができます。

＞経営者ではなくマネジャーの仕事＜

はじめに注意事項をお知らせします。第2章で説明した「会社への信頼を高める方法」を実行するのは主に経営者ですが、第3章の「他の四つの信頼を高める方法」は、経営者ではなく、部長・課長などのマネジャーが中心となって取り組みます。もう少し細かく言えば、経営者が経営幹部に取り組み、幹部がマネジャーに取り組み、マネジャーがメンバーたちに取り組む、といった形で、少しずつ下ろしていくことで、最終的に社内全体に伝えていく必要があります。その中核となるのはマネジャーです。

その理由は、会社への信頼を除いた四つの対象、「仲間への信頼」「仕事の意味・価値」「仕事姿勢・行動原則」「自信」はすべて社員個人と、その個人が属するチームとの関係性に左右されるものだからです。経営者は、そこにあまり介入できないのです。経営者は、幹部の四つの信頼には影響力をもてますし、マネジャーにもある程度は関わることができます。しかし、現場メンバーの四つの信頼には、基本的には関与できません。第1章で述べた通り、経営者・経営陣には認識・能力・時間の限界があります。現場の一人ひとりの受け身体質を変えていくのは、あくまでもマネジャーの仕事です。

なお、ここで「採用」について、少しだけ触れておきます。採用は、自律的な社員と集団をつくる上で重要な課題ですが、本書では詳しく触れません。なぜなら採用については、それだけで一冊の本が書けるほどの考察が別途必要だからです。正直に言えば、私自身は、採用に深い知見をもっているわけではありません。ですから、本書では採用には深入りしません。

加えて言うと、仮に自律体質の新人を採用できたとしても、先輩社員たちが受け身体質だったら、すぐさま風土に染まってしまって受け身体質になるか、さっさと辞めてしまうでしょう。それに、風土に問題がある会社が採用に力を入れたとしても、優れた新人が数多く集まってくるとは考えにくいのも確かです。

とはいえ、「先に五つの信頼を高めて、既存社員の受け身体質を改善してから、採用を変えていきましょう」と言いたいわけではありません。そんなことをしていたら、採用の改革はいつまで経ってもできないでしょう。

現実的には、自社の状況に合わせながら、既存社員の受け身体質改善と採用改革を並行して進めていくのが実践的です。土壌づくり（五つの信頼向上）と種まき（自律社員の採用）は、両輪で考えるのがよいと思います。

五つのステップで受け身体質を脱却しよう

本題に入ります。最初に、大きな見取り図を提示します（図表6）。私たちは、この「五つのステップ」で社員の受け身体質を脱却することを目指しています。

ステップ1　メンバーとの信頼を高める（タテの信頼・期待関係をつくる）

図表6　受け身体質を脱却する方法

❶ メンバーとの信頼を高める
（タテの信頼・期待関係をつくる）

【メンバーに信頼されるには】
- 自分の姿勢を信頼してもらうと決める
- 自分の姿勢を一貫させる

【メンバーを信頼するには】
- 自分自身を信頼する
- メンバーの持ち味を理解した上で、メンバーの何を信頼するかを決める
- 信頼の二つのルールを守る

①信頼が外れたときの責任を自分に帰す
②リスクを取る

❷ チームワークを良くする
（ヨコの信頼・期待関係をつくる）

ポイントは「人間レベルでコミュニケーションする」こと!

▼ チームワークができれば

①メンバーが自律的になる
②チーム内での組み合わせが力になる
③チーム内で相互にマネジメントできる

❸ 大事にすることを言葉にする

その一言に本気・本音・切なる思いを込める!

❹ マネジメントに反映させる

- 一貫させる
- 再発見・再確認・再創造を支援する
- 兆し展開アプローチを取る

❺ 評価・研修・イベント・広報・採用などに反映させる

出所：RECRUIT COMMUNICATION ENGINEERING CO., LTD. 不許複製

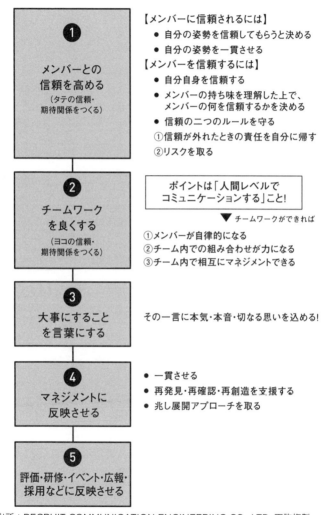

ステップ2　チームワークを良くする（ヨコの信頼・期待関係をつくる）
ステップ3　大事にすることを言葉にする
ステップ4　マネジメントに反映させる
ステップ5　評価・研修・イベント・広報・採用などに反映させる

このうち、ステップ1・2はまとめると仲間への信頼を高めることで、ステップ3・4・5は、仕事の意味・価値、仕事姿勢・行動原則、自信に関係します。仲間への信頼を高めた上で、他の三つの実感を高めるという順番になるわけです。この順番が重要なのですが、その理由は第4章で詳しく説明します。

〈ステップ1〉メンバーとの信頼を高める（タテの信頼・期待関係をつくる）

メンバーの受け身体質を変えるために、マネジャーが最初に変えるべきことは、自分とメンバーとの信頼関係です。ＲＣＥでは、この上司―部下の信頼関係を「タテの信頼・期待関係」と呼んでいます。「期待」が入るのは、信頼と期待が背中合わせになっているからです。なお、これは「マネジャー―メンバー」だけでなく、「経営者―経営幹部」「経営幹部―マネジャー」の関係もまったく同じです。RCEがサービスを提供する際には、さまざまな階層の方々にインタビューをして、どの階層間の信頼・期待関係が弱くなっているかを診断してから、サービスを提供しています。

このステップ1は、さらに「メンバーに信頼される」「メンバーを信頼する」の二つに分けることができます。

1　メンバーに信頼される

マネジャーがメンバーに信頼されるのが重要なのは、どなたにもすぐにわかっていただけることだろうと思います。そのためには、次の二つを実行することが大切です。

最初に、信頼されたい対象を決めましょう。自分がメンバーに何を信頼されたいのか。それをはっきりさせるのです。そのとき、個別具体の知識・技術よりも、仕事やメンバーへの「姿勢」を対象に選ぶことが肝心です。つまり、部下の受け身体質をどうにかしようと思ったら、マネジャーは自分の姿勢を部下に信頼してもらう必要があるのです。

なぜなら、姿勢が信頼できるマネジャーには、多くがついていきたいと思うからです。一方で、技術や知識がいくら豊富でも、それでそのマネジャーについていきたいかどうかを決めることはなかなかできません。これは、自分がメンバーだった時代の上司のことを思い返してもらえれば、きっと納得がいくはずです。

焦らずに、メンバー一人ひとりに、自分の姿勢をわかってもらうことに主眼を置きましょう。今・この瞬間の成果をとるよりも、中長期的な信頼をとったほうがよいのはビジネスもマネジメントも同じです。

次に、部下からの信頼を高めるために、自分の姿勢をさまざまな場面で一貫させましょう。一貫させる主な場面は次の三つです。

〈一貫させる主要な場面〉

○ 日々のちょっとした場面で一貫させる
○ 重要な場面で一貫させる
○ まさかのときに一貫させる

日々のちょっとした場面は、詳しく説明する必要もないだろうと思います。廊下で会ったときとか、朝礼の際など、さまざまな場面で姿勢を一貫させるということです。重要な場面とは、たとえば評価・目標設定のとき、あるいはメンバーが成功を収めたり、失敗したりしたときです。まさかのときは、曲げても仕方がないと思うようなときにも曲げないこと、つまり第2章で紹介したB校の理事長のエピソードのような状況を指します。内定はもらえたが、出席日数が足りなかった生徒に、彼だけのための特別授業と卒業式を決断した理事長は、まさかのときにも姿勢を一貫させたのです。

〈メンバーに信頼されることの大切さを示す事例〉

私は、メンバーに信頼されることの大切さを示す小さな事例をいくつも知っていますので、その一端をご紹介します。いずれの事例も、上司が普段から口にしていた仕事に対しての姿勢を様々な場面で体現することによってメンバーにプラスの影響力を発揮したものです。

●ある飲料メーカーD社の新入社員の話

一つ目のストーリーは、ある飲料メーカーD社の新入社員の話です。彼は工場で、品質管理の仕事に就いていました。ある日、できたての飲料を飲んだときに味がおかしいと感じて、ライン停止のボタンを押し、工場の全ラインを止めたそうです。もちろん、ラインを止める時間が長くなるほど、製品を作らないことによる損失が大きくなります。新入社員にとって勇気の要る行動であることは間違いありません。周囲は「本当に品質に問題があるのか」と懐疑的な目で見てきたそうですが、彼の上司は「それが品質保証の仕事だ」と嬉しそうに肩を叩いてくれたのだといいます。彼はそれから何年経っても、そのときのことをはっきりと覚えていました。

●あるメーカーE社の新入社員の話

次もあるメーカーE社の新入社員の話です。入社当時、彼はやる気がまったくなかったのだそうです。彼が働いていた工場では、改善活動や改善提案制度も活発に行われていましたが、興味を持てませんでした。そんなある日、工場でトラブルが発生しました。その最中にふと柱の奥に置いてあったマニュアルが目に留まりました。その取り出し方法が気になった彼はマニュアルを横置きから縦置きに変えようとごそごそ作業をしていました。

ところが、その作業が、トラブル対応を行っていた課長に見つかってしまいました。課長は走ってこちらにやってきます。彼は本来、一緒にトラブル対応に行かなくてはならない立場でしたから、「怒られる」と思ったのですが、課長から出てきたのは「よくやった!」という意外な一言でした。「それが改善活動だ! 改善というのは、そういう小さなことが大切なんだ」。そう喜んだだけでなく、翌日の朝礼でも、作業員全員の前で「彼が取ったような工夫がうちの改善だ」と褒めてくれたのだそうです。それが、彼が仕事に対する意識を変える第一歩、やる気を出すきっかけになったと言います。

● 損害保険会社F社の営業チームのエピソード

損害保険会社F社の営業チームのエピソードも紹介します。ある自動車部品工場の火災保険のコンペで、競合企業が価格競争を仕掛けてきたそうです。しかし、その工場は顧客の重要拠点で、もし万が一のことがあれば、事業上大きな影響を及ぼしかねませんでした。そこでF社の営業担当者は、実際に事故が起きた際、顧客のビジネスが困ることのない水準で保険料を提案しました。しかし、競合企業はそれより保険料が低い金額を提示してきたのです。その金額は、万が一のことがあったとき、どう見ても顧客のビジネスに悪影響を与える水準でした。

そこで担当者は、顧客に価格の低い保険商品を選ぶリスクをよく説明した上で、これ以上の値下げを断り、契約を失ったそうです。ここで大事なのは、営業部長が、その判断をした担当者をポジティブに評価したことです。彼は、部長の評価を通して、自分がしたことは間違っていないと感じ、自信を持つことができたと言います。

●自動車メーカーG社の話

最後は自動車メーカーG社の話です。G社の組織の中に、期間従業員が増えているにもかかわらず、従業員の定着が良く、雰囲気も業績も良いグループがありました。そのグループリーダーは期間従業員の人たちにも、「業務に慣れていない皆さん方が気づいたことや意見はとても大切です。困ったこと、ちょっとした改善案、なんでも良いから気が付いたら〝意見シート〟に書いてほしい」とお願いしていました。同時に社員たちには自分たちが率先して書くこと、そして期間従業員の人たちが意見シートを書いてくれたときには必ずお礼を忘れないようにすることを要望し、社員の人たちもそれらのことを継続していました。

当たり前のことですが期間従業員が意見シートに書く内容は、最初のうちは取るに足らないことばかりです。それでも社員たちは要望とお礼を継続していきました。こういう活動を長い間続けていくうちに徐々にではありますが参考になる意見が増えてきました。そのうちにある日、一人の期間従業員が身銭を切って、「こういう道具があると仕事がしやすい」と、簡単な作業ツールを作って持ってきてくれるということも起こりました。こういうことが起こっていくことで、この職場では期間従業員と社員の関係もとてもフランクなものに変わっていきました。

いずれも、マネジャーの一貫した考え方・方針・姿勢に触れることで、メンバーがマネジャーへの信頼を高め、自らを変化させていった事例です。これらの事例のように、マネジャーを信頼するチャンスを少し得るだけで、受け身体質が改善していくメンバーも少なくありません。また、最初の二つの例で明らかですが、新人時代の上司の姿勢は、後々まで影響を及ぼすことがあります。新人にとって、マネジャーが信頼できるかどうかというのは、それほど大きなことなのです。

2　メンバーを信頼する

メンバーとの信頼感を高めるためにもう一つ重要なのは、自分から相手を信頼することです。「信頼してくれたから、こちらも信頼しよう」は、人の心の法則です。自分の姿勢を信頼されたいなら、最初にこちらがメンバーの姿勢に賭けましょう。

少し難しい話になりますが、ＲＣＥのメンバーは次のように信じています。「人は他者から信頼されたところの人になり、自ら信頼するところのものになる」。つまり、信頼が相手を変え、自分自身を変えるということです。この原則が理解できたら、周囲からの信頼度は確実に高まるはずです。その意味で、信頼は創造作用を持つのです。

この「信頼することの重要性」を否定する人は、おそらく少ないでしょう。ただ一方で、「それはその通りだと思うけれど、自分の周りに信頼できるメンバーがなかなか見つからないから苦労しているんだ。信頼できるメンバーがいれば、とっくに信頼している」と言う方も多いのではないでしょうか。

実は、私もその気持ちはよくわかります。はっきり言って、相手を信頼するのは、決して簡単なことではありません。永遠のテーマだと言ってもよいくらい難しいことです。正直なところ、私たちも万能薬を持っているわけではありません。とはいえ、いくつかのヒントを提供することならできます。

第一のヒントは、マネジャーが自分自身を信頼することです。自分に賭けられない人間が、そもそも他の誰かに賭けられるわけがありません。部下を信頼したいのなら、その前に自分自身を信頼するとはどういうことか、そのためにどうしたらよいのかといったことをよく考えてみましょう。それが、回り道のようで早道です。

第二のヒントは、メンバーの何を、なぜ信頼するのかを明確にすることです。信頼する対象と根拠を決めるのです。そのためには、マネジャーがメンバーのことをよく知らなくてはなりません。

RCEでは、メンバーを知ることの中心は、彼らの「持ち味」をつかむことだと定義しています。メンバーの持ち味をつかむ際は、マネジャーが、自分を見てくれている、気にかけてくれている、持ち味をつかんでくれている、活かそうとしてくれていると、メンバーが感じることがポイントです。そのためには、マネジャーが、自分たちはマネジャーとメンバーである前に人と人だと考え、「人と人として交流したい」という気持ちを持つことが欠かせ

持ち味をつかむときに注意したいポイント

【前提になる姿勢】

□ 人への興味、人と人として交流したい気持ちを第一に置いていますか？
　□ 人への興味より業務・進捗状況等が先行していませんか？
　□ 人としてよりマネジャーとして接していませんか？

□ 信頼前提に立って接しようとしていますか？
　□ 持ち味の良い面（良い面・悪い面は裏表）が必ずあるという前提に立って見ていますか？

□ 相手の立場に立って接していますか？

【つかむときの注意点】

□ 持ち味をつかもうとする前に持ち味を味わっていますか？
　判断・評価が先に立ったら部下は警戒するだけ〜見てくれている・気にかけてくれているとは感じない

＊「味わう」とはどういうことをすることか

□ 自分の場合と比べて違いや同じ所を味わっていますか？

□ 他の部下の場合と比べて違いや同じ所を味わっていますか？

□ ぴったりした言葉・表現を探していますか？

□ それが彼・彼女の過去のどんな体験・経歴・置かれた環境から来たのか想像を働かせていますか？

□ 感じ取った持ち味について率直に語り合っていますか？

持ち味を活かす機会を2つの方法から待つ・探す・創る

□ 持ち味を念頭に置いて「活かせそうな状況・活かせそうな仕事の性格」を描いて、活かす機会を探す。

□ 現実を念頭に置いて見えてきた仕事上の機会がメンバーの持ち味を活かす機会にならないかを考える。

出所：RECRUIT COMMUNICATION ENGINEERING CO., LTD. 不許複製

図表7　メンバーの持ち味をつかむためのチェックリスト

メンバーの持ち味をつかむとはメンバーの何をつかむことか明確に言えますか？

□彼・彼女の人間的に好きなところ・面白いところ・尊敬できるところはどこですか？
□彼・彼女の人間的に信頼できるところはどこですか？
□彼・彼女の喜怒哀楽の特徴はどこですか？
□彼・彼女は何を仕事のやりがいに働いていますか？
□彼・彼女の自信の拠り所になっているのはどんな成功体験ですか？
□仕事への取り組み姿勢の面で彼・彼女の信頼できるところはどこですか？
□仕事の知識・技能の面で彼・彼女の信頼できるところはどこですか？
□どんな性格の仕事・どんな状況で力を発揮するタイプですか？
□どんなタイプの人と組み合わせると良さが生きますか？
★部下の一人ひとりについて「明確な言葉」で言えますか？

どんな場面に着目すると持ち味をつかみやすくなりますか？
自分なりの着眼場面が明確になっていますか？

□感情的になるところ、悔しがるところ、深く沈黙するところに着眼していますか？
＊マネジャーが無意識のうちにやっていてもう一歩自覚的にとらえると持ち味把握につながるもの
□定点観測の場面を持っていますか？～反応の違いから持ち味・変化を感じる
　□部下が共通に遭遇する場面（たとえばトラブル発生、結果が失敗に終わったとき）
　□毎日繰り返される場面（毎朝の挨拶、朝礼での態度等）
　□自分から声をかけていますか？～毎日自分から声をかけていると部下の対応の違い・変化に自然と気づく
　□自分が部下全員に共通に繰り返し行う行為（たとえば指示する、会議で指名して発言を求める）
□言うところ・行うところ・欲するところ・安んずるところを分けて見ようとしていますか？

ません。この気持ちを持てれば、メンバーの持ち味は自然と把握できるものです。なお、私たちは、メンバーの持ち味を把握する上でのチェック項目を用意しています（図表7）。ぜひ参考にしてください。

第三のヒントは、第1章で述べた信頼の二つのルールを守ることです。繰り返して簡単に説明すると、一つ目のルールは、信頼が外れたときの責任を自分に帰すことでした。部下が信頼に応えられなかったとき、信頼を裏切ったとメンバーを非難してはいけません。なぜなら、そこで非難するマネジャーは、真にメンバーを信頼しているのではなく、単に依存的信頼をしているだけだからです。本当に部下を信頼しているのなら、部下が信頼に応えられなかったのはマネジャー自身の責任だと考えるのが筋です。

二つ目のルールはリスクを取ることです。結果が不確実だから、部下を信頼できないというのは、信頼とは無縁の考え方です。これも第1章で説明しましたが、信頼とは、10%、20%の空白・不安・疑念をジャンプするリスク・テイクの投資であって、信頼にはリスクが必ずつきまとうのです。結果の確実性が高いなら、そもそも信頼など必要ありません。実績や結果を信頼するのは、誰でもできることです。結果が出るかどうかわからないときにも、部下を信頼して任せられるかどうかが、マネジャーのわかれ道です。部下を信頼するということは、常に自己責任とリスクを負うことだと理解してください。

〈メンバーを信頼することの大切さを示す事例〉

ある国内メーカーH社のエピソードを紹介します。この会社は、社屋に掲げるプレートに全職人さんのフルネームを刻印するほど、社長が現場の職人さんたちを愛し、その技能に敬意をはらっていました。彼は日ごろから、社長―部下というよりも、人対人として、肩肘張らずにあれこれとコミュニケーションをしていたそうです。そのおかげで、社長は職人さんたちの持ち味も熟知していました。

あるとき社長は、「新型の製作機械を自作しよう」というアイデアを思いつきました。それまで、H社は利益の少ない量産品をつくっていました。しかし、この製作機械を手に入れれば、利益率の高い個別受注生産を受けることができるのです。社長は以前からこの機械を導入したくて仕方がなかったのですが、コストが高すぎて手が届きませんでした。

そこで社長は、手先が器用な職人さん、パソコンに詳しい職人さん、高い板金技能を持つ職人さんに声をかけました。彼らの持ち味を熟知する社長は、声をかけるメンバー選びに迷うことはありませんでした。そして、「中古部品や既成品を使って、図面を引かずに製作機械を自作してみてほしい」という漠然とした指示を出したら、彼らはたった百五十万円ほどで完成させてしまったのです。これが、H社が大きく飛躍するきっかけになったと言います。

この職人さんたちには、名前の刻印されたプレートからも、日常のコミュニケーションからも、社長が自分たちを愛し、尊敬し、信頼する気持ちが十分に伝わっていたのだと思います。だからこそ、社長の無理難題をむしろ意気に感じ、その課題に主体的に取り組んで、大きな成果を出すことができたのでしょう。きっとこのことが、社長とメンバーとの期待・信頼関係をさらに強固にしたことも間違いないだろうと思います。

＞〈ステップ2〉チームワークを良くする（ヨコの信頼・期待関係をつくる）＜

マネジャーとメンバーのタテの信頼関係が改善されたら、次に「ヨコの信頼・期待関係」、つまりチームワークを良くすることを目指します。

1　人間レベルでコミュニケーションする

チームワークを良くする上で、私たちが最も重要だと考えるのは、メンバー同士がお互いの信頼ポイントを見つけることです。私たちは誰しも、役職や親といった「役割レベル」の顔、個性や好き嫌いなどの「個人レベル」の顔、それらを超えた普遍的な「人間レベル」の顔を併せ持ちながら生きていますが、お互いの信頼ポイントを知るには、人間レベルのコミュニケーションが有効です。

人間レベルのコミュニケーションとは、個性や価値観の違いに光を当てるのではなく、それらが形づくられてきた経緯に興味、関心を注ぎながら、コミュニケーションしていくことです。その中身はなかなか言葉ではお伝えしにくいので、一つのケースをご紹介したいと思います。

私が関わった組織に、周囲から「超合理的な人物」と評価されている経営幹部の方がいました。その方とほかの幹部の方々は、もちろん役割上のコミュニケーションは取るのですが、一歩踏み込んだコミュニケーションはなかなか取っていないようでした。平たく言えば、お互いに干渉しあわず、あまり仲が良くない状況だったのです。私の目からは、幹部同士が対立したり、関係がこじれたりすることをリスクに感じて、お互いに踏み込むことを避けているように見えました。

経営幹部全員が、今の関係が良いとは決して思っていませんでした。また、問題の幹部本人は、周囲との関係があまり良くない原因の一つが、自分の非情なほど超合理的な判断・コミュニケーションにあることも、うすうすはわかっていたようでした。しかし、本人も周囲も、それは個性、価値観、考え方の違いであって、どうしようもないと考えていました。

では、この方の個性・価値観は、いったいどのように育まれたのでしょうか。私はそのことが気になりました。そこで、多くの経営幹部が集う場で、私たちはその方に「なぜそのような価値観を持つようになったのですか？」と問いました。そこからわかったのは、その方が幼少期に、親が経営する会社が倒産する体験をしていたことです。そのときにとてもつらい体験をしたために、「会社は絶対に潰してはいけない」という考えを持つようになったのです。そして、周囲からどのように思われようと、企業の継続を第一に考え、責任を果たそうとするに至ったということです。

私は、その話を聞いた他の経営幹部の方々の表情をはっきりと思い出すことができます。多くの方が、黙って深くうなずいていました。このことをきっかけにして、この方とほかの幹部の皆さんの関係には、多少の変化が生まれたようでした。仲が良くなったわけではありません。その後も、皆さんがプライベートで遊びに行くようなことはなかったと思いますし、和気あいあいとコミュニケーションを取るようなことも多くありませんでした。

しかし、変な配慮や余計な遠慮をせずに、お互いに言うべきことを言い、聞くべきことを聞き、真正面からコミュニケーションできる関係にはなれたのです。価値観や考え方は違うけれども、誠実に努力する姿勢や生き様には信頼を置く。好きではないかもしれないけれど、尊敬・信頼できる。長く仕事をしていれば、誰しもそうした相手が何人かはいるはずです。そういう関係にはなれたというわけです。

なぜそうなれたかと言えば、私たち人間の多くに共通する「人間性」があるからです。この方が幼少期の親の倒産で感じたもの、厳しい状況下で判断したり、行動したりしたときに感じたこととまったく同じ思いを、周囲が感じることはできないでしょう。しかし、同じ状況に置かれたときのことを想像することならできます。どうして彼がそのような価値観、考え方を持つようになったのか、彼が彼なりにどうやって誠実に生きようとしているのかは理解できるのです。そこまでいけば、彼の姿勢に感動・共感・信頼を覚えるのは難しくありません。

このレベルのコミュニケーションを交わすことができると、チームワークを良くする上で最も重要なこと、つまり、「この人はこの点で信頼できる」という信頼ポイントでつながっていける可能性が高まります。

もちろん、人間レベルでの信頼構築は、タテの信頼・期待関係でも大切なことです。経営者の皆さんも、部下を信頼しようと思ったら、人間レベルの顔に注目してください。そうすれば、好き嫌い、相性が良い・良くないというだけの関係から、決して好きではないけれど、尊敬・信頼できる関係、思い切った発言や働きかけができる関係に変わっていく糸口、きっかけが見つかるに違いありません。

2 チームワークを良くするメリット

チームワークを良くすると、大きく三つのメリットがあります。一つ目は、本書のテーマそのものですが、チームメンバーを自律体質に変えていけることです。チームワークの良いチームに入ると、メンバー一人ひとりが自分の特性を自覚できるようになります。自分の特性は、他者と比較してはじめて分かることが多いのです。

また、これは第4章で詳しく説明しますが、自信の源となる仕事の意味・価値や成功体験は、周囲の「意味ある他者」の評価によって確定します。さらに、他者との交流によって心に火がつき、やる気になることもよくあります。それから、アイデアは自分とは異なる考え方・感じ方をしている他者から刺激を受けているときに浮かびやすいものです。

つまり、チームワークの向上によって、メンバーが自分の特性を理解したり、自信をつけたり、やる気になったり、アイデアを得たりする可能性が高くなるのです。それが最終的に、メンバーの自律性を高めていきます。チームワークを良くすることは、受け身体質の脱却に直結するというわけです。

二つ目は、チーム内での組み合わせが力になることです。言うまでもないことかもしれませんが、チームで動くと、お互いの強みをさらに高めたり、お互いの弱点を補い合ったりすることができます。チーム内の誰かが不調のときに他の誰かが助けたり、皆で力を合わせて、情報や判断の偏りを正したりすることも可能です。こうしたことは、決して一人ではできません。

三つ目は、チーム内で相互にマネジメントできることです。何度も言っている通り、経営者やマネジャーには認識・能力・時間の限界があり、すべてをマネジメントすることは不可能です。しかし、十分に機能しているチームでは、場がメンバーを動かし、育ててくれます。はっきり言えば、メンバーはマネジャーに動かされるというよりも、チームという場、同僚同士の刺激に動かされる面が強いのです。

以上をまとめると、チーム全員が人間レベルで信頼関係を築ければ、役割レベル・個人レベルでの関係がこじれるのを防ぎながら、目的の共有・情報の共有・役割の分担などをスムーズに行って、有機的に連携し、最終的にはチーム全員の知識・技術・経験を足したよりもはるかに大きな成果を出せるのです。また、メンバー一人ひとりの自立を促し、チーム内の相互マネジメントを効果的に行えるはずです。

人間レベルでの信頼構築は、一見仕事とは無関係で遠回りに見えるかもしれませんが、実際はチームワークを良くする一番の早道なのです。この土台がしっかりしていれば、多少のトラブルくらいではチームは壊れなくなります。

〈チームワークの大切さを示す事例〉

化学メーカーＩ社の研究所長は、ある問題意識を持っていました。それは、研究所内の議論や雑談が少ないことです。この研究所は、基礎研究を行う研究室、スケールアップを目指す研究室、生産技術の研究室など、五つの研究室に分かれていたのですが、その間のつながりが足りていないと感じていたのです。研究所のあちこちで、もっと活発な情報交換を起こしてもらいたい。そうすれば、誰かのちょっとした発見が、他の研究室の画期的な研究成果につながったりするはずだというのが、研究所長の見方でした。

しかし、私たちが各研究室の室長にインタビューすると、研究所長の思惑とは正反対の答えが返ってきました。ある室長は、自分の手帳を見せながら、「研究室間の連携ミーティングがこれだけ入っているのですよ。話すべきことは話しています。この上、何を話せというのですか」と言われました。別の室長は、「専門の違う相手から、ポイントの外れたことをとやかく言われたくないし、自分も言いたくない。問題があると思うなら、所長がきちんとさばいてほしい」と不満そうでした。

この問題がややこしいのは、当事者である室長たちが、自分たちの問題を自覚できていないことでした。研究所長の目線からは、室長たちがお互いに胸襟を開いておらず、建前だけで話しているようにしか見えないのですが、本人たちにはそれがわからないのです。これでは問題は解決しません。さらに、研究者の皆さんが、自分の専門領域以外にあまり関心を示さず、根拠のないことを語りたがらないという共通する性質を持っていることが、解決をより一層難しくしていました。

　そこでRCEでは、この問題を解決するために二泊三日の合宿（CES）を行いました。参加者は五名の室長とオブザーブ役の研究室長です。合宿では、五名の室長の皆さんに、時間をかけて「自分の生い立ち」「理系に進んだきっかけ」「研究者の道に進んだ動機」「仕事上の喜怒哀楽」「成功体験」などを交わし合ってもらいました。

　転機は、生産技術研究室の室長が、ある成功体験を話しているときに訪れました。彼はこう言いました。「僕はいつも頭の中に七つか八つの引き出しを持っています。その引き出しには、今考えているアイデアや課題が入っていて、通勤途中などのちょっとしたときに、一つの引き出しを開けては考え、考えが詰まるとパっと閉めるんですよ。そうこうしているうちに、何かの拍子でひらめきがやってくるんです」。それを聞いた基礎研究室長が、「あなたは技術者じゃない、研究者だ！」と言ったのです。生産技術研究室長は「そうですよ、私は研究者ですよ」と返しました。

　このやり取りを理解するには、少し解説が必要です。「研究者」と「技術者」は、一見同じような職種に見えますが、研究者・技術者の皆さんにとっては、互いに大きく隔たりのある仕事であり、まったく違う道を進んでいるのだそうです。簡単に言えば、研究者はテーマを「研ぎ澄まして究め」、新たな価値を創造することを目指していますが、技術者は効率化・合理化・品質安定化をいかに起こすかを追求する存在なのです。このやり取りで起こったのは、基礎研究室長が、生産技術研究室長のことを生産技術者ではなく、「生産技術研究者」であると再認識したことです。言い換えれば、基礎研究室長は、生産技術研究室長のことを研ぎ澄まして究める仲間として認めたのです。

このやり取りがあってから、五名の所長はお互いの研究上の出来事や余談などに、より深く興味を示すようになり、それぞれの専門の論文の話で盛り上がりました。そして、最終的にはいくつかの新しい連携テーマが誕生したのです。

終了後、生産技術研究室長はこう言っていました。「基礎研究室のメンバーは、基礎研究には時間がかかると言うのが口癖で、私にはそれが逃げの姿勢に見えていたんですが、今回の合宿を通して、彼らが真剣に研究に向き合っていることがよくわかりました」。また、ある室長は次のような感想を話してくれました。「皆さんのいろんな話を聞いて、研究に対する思い、自分のアイデアを実現したい気持ち、そこに向けたひたむきな姿勢を感じました。この室長たちと一緒にやっていきたいと思いました」。

別の室長は、こうも語っていました。「今までの打ち合わせ会議では、確実に立証できることだけを取り上げ、誤差の範囲にある現象の話はしませんでした。しかし今回は、『実はわずかだけれど、こんな実験結果が出た』と話してみたら、『そういえば実は生産のほうでも』という話が出てきて、『それならこんな生産方法もあるかも』とアイデアが発展していったのです」。もう一人の室長は、それまでは他の分野の研究や論文にほとんど興味を示さなかったのですが、この合宿以来、「その論文はいつ出たの。それって、こちらの研究に役立つかなあ」などと、他領域の研究にも関心を示すようになり、お互いの専門についての最新情報の交換も行うようになっていきました。

私たちが合宿から数カ月後に研究所を訪れたところ、さらなる変化が起こっていました。室長同士だけでなく、各室長と部下の間でも、疑問や違和感などをごく気軽に話し合うようになっていたのです。部下との会話の中で生まれたアイデアやわかってきた問題などが、月一度、所長が室長の成功体験を聞いたり、ざっくばらんに話し合ったりする「所長・室長会」に上げられる、という新たな仕組みもでき上がっていました。その会の影響から、それぞれの室長が部下の成功体験を聞くというコミュニケーションも盛んになっていました。

こうして、まさに研究所長が望んでいた「創造的な雑談」が増え、それによって、研究所内のいくつかの問題が解決に向かっていったのです。チームワークを良くすると、まさにこうやってメンバーが受け身体質を脱却していくのです。

〈ステップ3〉大事にすることを言葉にする

チームワークを良くすることができたら、次に「大事にすること」を言葉にします。経営層であれば会社として大事にすること、部長層であれば部として大事にすること、課長層であれば課として大事にすることを言葉にするのです。

何度も言ってきたことですが、このとき、経営層やマネジャーの皆さんは、考え方・方針、言動・意思決定、そして大事にすることを一貫させるようにしてください。その点でブレがなければ、ステップ3は大丈夫です。

ただ、ここで一点付け加えると、大事にすることを言葉にするときには、本当に深く強く思うことを言語化することが大切です。「理念」「ミッション」「ビジョン」「バリュー」といった言葉が氾濫していますが、そうした言葉に惑わされて、当たり障りのない言葉、もっともらしい言葉、借りてきたような言葉を使ってはいけません。そんなことをして、本当に深く強く思うことが見えなくなってしまったら元も子もないのです。

とはいえ、あまりに難解な言葉、珍奇な言葉を掲げるのもよくありません。気の利いた言葉をつくることができれば、それに越したことはありませんが、それよりも何よりも大事なのは、その一言に本気・本音・切なる思いを込めることができているかどうかです。その企業らしさやチームらしさ、企業・チームの歴史、創業者・経営者・当事者の人となりや人生を込められているかどうかです。そして、それがメンバーに伝わる言葉になっているかどうかです。

本当に深く強く思うことを言語化する際、有効になる問いをご紹介したいと思います。ぜひ参考にしてください。

〈大事にすることを言葉にするときのポイント〉

○　自分たちが大事にしてきたものは何か？　これから何を大事にしていくのか？

○　お互いの関係、取り組む姿勢はどうあるのがよいのか？　自分たちはその関係・姿勢からどんな成果ややりがいをつかみたいのか？

○自分は何を大事にするのか？　何を喜び・やりがいにマネジメントするのか？

○何を大事にして意思決定できたら、たとえ結果が思った通りにならなかったとしても悔いがないのか？

○どんな将来像が実現できたら経営者、マネジャーを務めていてよかったと思えるのか？

○どんなことを実現するためなら、マネジメントの苦労を背負ってもかまわないと思えるのか？

＞〈ステップ4〉マネジメントに反映させる＜

大事にすることを言葉にできたら、いよいよマネジメントに反映させていきます。RCEでは、そのときに気をつけるべき重要なポイントは、以下の3つだと考えています。

○　ポイント①　一貫させる
○　ポイント②　再発見・再確認・再創造を支援する
○　ポイント③　兆し展開アプローチを取る

以下詳しく説明していきます。

1　ポイント①　一貫させる

一貫させるプロセスは先ほども述べたので、主要な場面を再掲するに留めておきます。

〈一貫させる主要な場面〉
○　日々のちょっとした場面で一貫させる
○　重要な場面で一貫させる
○　まさかのときに一貫させる

2　ポイント②　再発見・再確認・再創造を支援する

第1章で述べた通り、受け身体質を意志の力、一人の力だけで変えるのはとても難しいものです。では、どうしたらよいのでしょうか。私たちRCEは、経営層やマネジャーが、メンバー一人ひとりの「再発見・再確認・再創造」を支援するため、会社活動・事業活動・日常の仕事の中にさまざまな機会を用意することが大切だ、と考えています。

再発見・再確認・再創造とは、働く中で、メンバーが「やはりこうしたことを大事にしなくてはならないんだな（再発見）」「やはりこのポイントを外してはいけないよな（再確認）」「実はこれも私たちが追求すべき顧客満足の一つではないだろうか（再創造）」などと、自ら改めて気づくことです。そうやって、ステップ3で言葉にした「組織・チームが大事にすること」の意味や意義に立ち戻ることです。

再発見・再確認・再創造がなぜ重要かと言えば、人は大事なことや感動したこと、やると決めたことを、どうしても時間の経過とともに忘れてしまったり、頭の隅にしまいこんでしまったりする動物だからです。大事にする言葉は覚えていたとしても、その言葉が生まれたときの意味や感情は薄まってしまうものなのです。

だからこそ、私たちは、毎日の仕事やビジネスの中で起こる大小さまざまな出来事にスポットライトを当てて、組織・チームとして大事にすることの意味・価値を思い出したり、確認しあったり、関連付けたりすることが大事だと考えています。これが再発見・再確認・再創造です。再発見・再確認・再創造をすれば、忘れてしまったり、薄れてしまったりした記憶を再び取り戻し、何が大事なのか、自分は何を決心したのかを思い出し、初心に返ることができます。それが受け身体質脱却の持続的なパワーを形成するのです。

これが、ステップ3でつくった大事な言葉の風化を防ぎ、さらなる浸透・共有を図る実践的な対策です。

このとき、経営者やマネジャーは、メンバーに再発見・再確認・再創造を押しつけてはいけません。なぜなら、誰もが内心では、説得されたくない、命令されたくない、やらされたくないからです。本当は、誰もが自律的に動きたいのです。ですから、相手が自分を意図的に動かそうとしていると感じると、無意識に反発したり、拒否反応が出たり、受動的に理解・行動したりしがちです。たとえば、先生や親の言うことを聞かない子どもがたくさんいますが、それはまさに、説得・命令・やらされ感が嫌だからです。ところが、友人の指摘やアドバイスは受け入れたりしますし、自分で気づいたことは自分のものになったりします。

これは、自律的に行動しているからです。

では、経営者やマネジャーはどう働きかければよいのでしょうか。RCEでは、日々の活動では次のようなことが重要だと考えています。

●ミーティングなどの場で、再発見・再確認・再創造を促しそうな場面・出来事にスポットライトを当て、メンバーの意識、関心をそこに集中させる。

●その場面・出来事の意味や価値を、経営者やマネジャーが説明・説得・徹底するのではなく、メンバーが自ら再発見・再確認・再創造するように促す。

●チームメンバーの誰かが再発見・再確認・再創造したら、それをチーム内で共有する。

また、次のような仕掛けにも、再発見・再確認・再創造を促す効果があります。

●ミーティングなどの場で、自分たちの体験を思い出して、次のように思えたときはどんなときだったかを語り合ってもらう。そして、その場面の重要なポイントを整理しておく。

○ 会社への信頼が生まれた、高まった場面
○ 仕事の意味・価値を発見、実感できた場面
○ かすかな自信が生まれた、ついた場面
○ 仲間への信頼が生まれた、高まった場面

●自分たちの体験をもとに、次のような場面について語り合ってもらう。

○ 新人に自分たちの仕事を見せるとき、新人に一番見てほしい場面はどこか？
○ 自分たちが目指す最高の仕事・一流の仕事・憧れの仕事とは何か？
○ この仕事をやっていて良かったと思える場面・瞬間は？
○ 仕事の中で一番悔しさを感じる場面・瞬間は？
○ 仕事の中で誇りを傷つけられたと感じる場面・瞬間は？
○ 仕事の中で恥を感じる場面・瞬間は？

再発見・再確認・再創造の機会は、日々の仕事の中にいくらでも転がっていますから、放っておいても再発見・再確認・再創造し、自らの自律体質を維持するような優秀なメンバーも中にはいるでしょう。しかし、ほとんどがそうではありません。だからこそ、経営者やマネジャーが積極的に働きかけ、組織内・チーム内の再発見・再確認・再創造を増やす工夫をすることが大切です。

3　ポイント③　兆し展開アプローチを取る

再発見・再確認・再創造と同時に、「兆し展開アプローチ」を取ることも重要です。第1章でも軽く触れましたが、マネジャーや周囲の仲間たちがメンバーの小さな兆しを発見し、そこからメンバーの主体的な変化を呼び起こす方法です。

兆し展開アプローチで重要なのは、兆し着眼とプラス着眼です。兆し着眼とは、どんな現実にもチャンス、兆しが隠れているという目線でメンバーや物事を見つめること。プラス着眼とは、どんなにやる気がないように見えるメンバーの中にも、前向きな思いが潜んでいるという目線で、メンバーや現実と向き合うことです。

兆し展開アプローチに関しては、わかりやすい例がありますので、その例を紹介しながら説明するのがよいだろうと思います。

ある惣菜チェーン・J社のエリアマネジャーKさんには、気にかかっているL店長がいました。L店長は入社三年目で、店長に昇格して一年が経とうとしていました。しかし、その間ずっと売上未達が続いていたのです。さらに、L店長は普段、バックヤードで仕入れ・原価計算・シフト管理などばかりしていて、めったに店頭に顔を出さないため、店舗メンバーからは「店長が何を考えているのかわからない」とクレームが来るありさまでした。仕方なく、Kさんが店舗メンバーに指示を与えて店を切り盛りする状態が続きました。Kさんからしてみれば、指示待ち社員どころか、「問題児」と言ってもよいくらいの店長です。

私たちのサービスを受ける中で、Kさんは、実は自分がL店長のことをまったく何も知らず、自分のやり方を押し付ける一方だったことに気づき、深く反省しました。そして、その後、思い切ってL店長に「君は何がしたいんだ？」と尋ねたのです。

そうしたら、L店長は「やっぱり売上を上げたい。そのためにまず、かき揚げを揚げられるようになりたい」と言ったのです。かき揚げは、その惣菜チェーンが扱う八十五品目のうちの一つにすぎません。Kさんは正直、「今さら、かき揚げ？」と、内心腹が立ったそうです。かき揚げを揚げられるようになっても、売上には直接影響しないのですから当然です。しかし、せっかくこの店長が自分の意思を示したのです。Kさんはいったん冷静になって、彼に任せてみることにしました。

そのコミュニケーションの後、L店長は、わざわざ残業してかき揚げを揚げる練習を始め、そのうちに自作のかき揚げを店に出すようになりました。そうしたら、これまでバックヤードで仕入れ・原価計算・シフト管理などにばかり時間を割いていた店長が、かき揚げの売れ行きを気にして、店頭に顔を出すようになったのです。しかし、かき揚げはなかなか売れません。次にL店長は、かき揚げの上手なメンバーに話しかけ、教えてもらうようになりました。さらには、他のメンバーにも声をかけ、空き時間にかき揚げ勉強会を始めるまでに至りました。

この間の変化は、Kさんにとって、驚き以外のなにものでもありませんでした。「メンバーともっとコミュニケーションを取りましょう」と、これまでKさんが口を酸っぱくしてアドバイスしてきたにもかかわらず、一向に言うことを聞かなかったL店長が、自分でかき揚げを揚げ始めただけで、ガラリと姿勢を変えたのです。

さらに一週間ほどすると、L店長はかき揚げづくりの腕を上げ、店頭でお客様にかき揚げの試食を勧めるようになりました。買うかどうかを迷っていたお客様が、試食をして買ってくれるという嬉しい経験も積みました。それを繰り返すうち、L店長は、かき揚げがどの日時に売れるかの見当がつくようになりました。そこで、思い切って売れやすい日時にかき揚げの販売量を増やしたところ、見事に成功を収めたのです。

Kさんが「次に何をしたい？」と聞いたら、「海老天を」「弁当を」「値付けを」とやりたいことが続々と出てきたので、Kさんは店長の言う通り、思う通りにさせました。その結果、ついにこの店が単月予算を達成するようになったのです。その後、Kさんが店に顔を出すと、店長を中心にして、メンバーが商品についてやり取りしている姿が頻繁に目につくようになったと言います。

いかがでしょうか。もしかしたら出来すぎの事例に見えるかもしれませんが、決してそんなことはありません。実はこのようにして、問題児に見えるメンバーが、その内側にモチベーションを秘めているケースはまったく珍しくないのです。兆し着眼・プラス着眼で兆し展開アプローチを取っていけば、L店長のようなメンバーを自律社員に変えていくことは十分に可能なのです。

私が推測する限りでは、L店長は、そもそもやる気がなかったわけではありません。Kさんにはそう見えていたのですが、実際は、彼なりに自分の得意なこと（仕入れ・原価計算・シフト管理）に力を入れていたのです。また、経験のないL店長には、「メンバーともっとコミュニケーションを取りましょう」というKさんのアドバイスの意味や効果がよくわからなかったのでしょう。腑に落ちていないから、上司の一方的なアドバイスを受け入れることができず、行動に移すことができなかったのではないかと思います。

でも、売上が上がっていない以上、自分に問題があることにも気づいていたはずで、それが「かき揚げを揚げられるようになりたい」という思いに結びついたのです。きっと、かき揚げでなくても、自発的な行動のきっかけになるものなら、何でも良かったのでしょう。きっかけを摑んだ店長は、仮説―検証―実行を繰り返しながら、少しずつ成果を出し、成果を出すにつれて、自分でどんどん難しい目標を設定してチャレンジできるようになっていったのです。彼はまさに、「行動原則（仮説―検証―実行）への信頼」を高め、「仕事の意味・価値」を発見し、「自信」をつけていったのです。

兆し展開アプローチを進める際に注意しなくてはならないのは、マネジャーがどうしても問題着眼と問題解決アプローチに戻りがちだということです。この事例に関して言えば、L店長の問題に注目してしまったら、おそらく彼の自発性はいつまで経っても生まれていなかったでしょう。兆し展開アプローチを取る際は、とにかくマネジャーが兆し着眼とプラス着眼を忘れないことが大切なのです。

こうした兆し展開アプローチと再発見・再確認・再創造の支援は、受け身体質脱却マネジメントの重要なポイントです。ただし、どちらもその前に、メンバーとの信頼を高めること、チームワークを良くすることを忘れてはなりません。受け身体質脱却のベースには、常に仲間との信頼があるのです。

〈ステップ5〉評価・研修・イベント・広報・採用などに反映させる

最後のステップは、会社として大事にすることを制度・評価・研修・イベント・広報・採用などの仕組みに反映させていくことです。これが実現できたら、メンバーの再発見・再確認・再創造のチャンスがどんどん増えていきます。

たとえば、広報物を読むだけで再発見・再確認・再創造をするメンバーが出てきたり、毎期の評価で定期的に再発見・再確認・再創造するメンバーが出てきたりするのです。その意味で、ステップ5もまた極めて重要です。

なお、最後のステップと書きましたが、このステップは必ずしもステップ1から始めなくてはならないわけではありません。会社・組織の現状に合わせて、手のつけやすいところから始めればよいのです。

また、各ステップが完成してから次に進まなければならない、ということもありません。環境も組織も人もどんどん変わっていきますから、一度このステップを踏めば、能動的な組織、人づくりが完成するということはありません。実際は、どの企業・組織も、五つのステップを上ったり下がったりして試行錯誤を繰り返しながら、螺旋階段を上るように人、組織が徐々に変わっていくのです。ですから、このステップにゴールはありません。

ステップ5に関しては、さまざまなやり方があります。ここですべてを紹介することはないと思いますし、ある意味では、そこは経営者や各部署のスペシャリストの方々のほうが詳しいはずです。ですからここでは、評価・研修・イベント・広報・採用などに反映させる典型例を簡単に紹介するのに留めておきます。

○ 研修に反映させる：自分たちが大事にしていることを考えるミーティングを、経営層

に絞って実施し、その結果を各階層の人たちと共有する

←

○評価に反映させる：自分たちが大事にしていることを体現する働き方をしたメンバーを各部でVP（価値ある仕事をした人）として選ぶ。各部から上がってきたVPの中から、役員会がMVP、準MVPを決定する

←

○イベントに反映させる：その結果を全社ミーティングで発表し、MVP、準MVP、VPを表彰する

←

○広報に反映させる：社内広報物で、MVP、準MVP、VPとその理由などを紹介する

←

○研修に反映させる：MVP、準MVP、VPのようなチャレンジ・行動を増やすため、新たなマネジメント研修を実施する

他にも、こういったことが考えられます。

○ 評価に反映させる——一人ひとりの仕事を発表する機会を部課単位で設ける

○ イベント・広報に反映させる——自社やビジネスのことを理解・共感・期待してくれているお客様の声をイベントや社内広報物に反映させる

○ イベントに反映させる——外部からお客様やパートナーを招いて技術発表会を開く

○ 採用に反映させる——人事以外のメンバーを巻き込んで採用プロジェクトを立ち上げる

もちろん、これら以外にもさまざまな可能性があるでしょう。マネジャーやメンバーから募集すれば、その組織らしさを含んだアイデアがいくつも出てくるのではないかと思います。

以上のようにして、会社・組織が大事にすることを評価・研修・イベント・広報・採用などの仕組みに反映させていくと、マネジャーやメンバーが、大事にすることを再発見・再確認・再創造する機会を増やすことができます。その際、経営者・マネジャー・メンバーが、思いや考えを率直にコミュニケーションする場を設ければ、そのチャンスはさらに効果を発揮するでしょう。そのコミュニケーションの場で語られたことを組織運営やマネジメントに活かせば、効果はさらに2倍、3倍と膨らんでいくはずです。

ここで示したステップ1からステップ5を、繰り返し実践していくことで、自律的な組織体質の基礎が固まっていきます。そのうちに、そのことに共感する人材が外部からも集まり始めるでしょう。私たちは、そうした風土が醸成されてきたときが、受け身体質からの脱却が実現し始めたときだと考えています。

第4章

受け身体質改善の方法はなぜ効果があるのか

「受け身な社員を自律社員に変える方法」は、第2章と第3章で説明したものがすべてです。これを説明するのは、さほど難しいことではありません。しかし、実践するのが難しいことは間違いありません。だからこそ、多くの経営者の方が受け身社員問題に悩んでいるのです。また、私たちがCE（コミュニケーションエンジニアリング）というサービスで、多くの企業の実践をサポートしている理由もそこにあります。

これまでは受け身体質脱却のための「課題（方法）編」で、この先は、その課題（方法）がなぜ有効なのかを示す「理論編」になります。第3章で、四つの信頼を高めるためには、「仲間への信頼」を高めた上で、他の三つの信頼を高めることが必要だと書きましたが、その理由は詳しく書きませんでした。また、なぜ「再発見・再確認・再創造」や「兆し展開アプローチ」が重要なのかということも、説明が足りていないと思います。第4章では、これらについて詳しく説明したいと思います。

私たちはショッピングをすると元気になる

なぜ仲間への信頼が他の三つの信頼を高めるベースになるのか。一言で言えば、価値は、信頼する他者の影響を受けるからです。

ちょっと話が長くなりますが、この文章がどういう意味なのかを述べていきます。私たちヒトが何かに価値を認めるとき、その価値の原点には、実は「快・不快」の感覚がありま す。私たちは、快を感じると、それに近づいたり、繰り返したりします。逆に不快を感じると、回避します。それが私たちの意思決定の原点です。安心できる・落ち着く・心地よい場所には近づきたくなりますし、何度も行きたくなりますが、安心できない・落ち着かない・居心地の悪い場所には行きたくありません。私たちは、赤ちゃんのときから、そうやって快・不快による意思決定を何度も行っています。この意思決定が、徐々に「好き・嫌い」になっていきます。この好き嫌いは、安定的な意味を放ちますし、大人になっても続くことがあります。たとえば、子どものときに嫌いだった食べ物がいまだに食べられない方もいるはずです。もちろん、好き嫌いは変化することもありますが、長く変わらないことが多いものです。

この快・不快の感覚、好き嫌いの感覚が、次に「意味」となっていきます。これは偶発的に起こることです。何事も最初から好きだったり嫌いだったりしたわけではなく、どこかの時点で何かしらのきっかけがあって、たまたま関心を持ち、反復が始まり、やがて好き・嫌いが定着していくわけです。

さらに、この好き・嫌いが個人的なところを離れて、時間的・空間的に一般的な意味があるものだと思ったとき、私たちは「価値」という言葉を使うようになります。つまり、誰かが価値だと感じることは、そもそもはその誰かの快・不快や好き・嫌いを起点にしているのです。

私たちは日常的に、そうした意味・価値を確定するために冒険や探索や選択をしているのですが、その最中、私たちはとても元気になります。なぜなら、私たちの元気やモチベーションの源には、いつも探究心や好奇心があるからです。私たちは何かを知ったり決めたりして、意味・価値を確定したい、そして不安定な意味・価値を安定させたいと常に願っているのです。ですから、ショッピングをすると私たちは元気になります。商品を選ぶことで、何かしらの意味や価値を確定できるからです。買い物でストレスを発散させる人が多いのは、こうした理由が背景にあります。

意味や価値は「信頼する他者」の影響を受ける

これまで説明した通り、意味や価値は、個人の快・不快や好き・嫌いから発するものです。しかし、そうして一度外に出た意味・価値は、決して絶対的なものではありません。価値は相対的かつ主観的で、さまざまな影響を受けるものです。たとえば、関西人は薄味が好きとか関西人は納豆が嫌いのような、地域による味の嗜好がありますが、こうした区別はどこまでもおおざっぱなものでしかありません。実際は、個人によって違うわけです。中には、関西人だけど関東風味が好きという人もいるでしょう。納豆に関して言えば、実は関西にも、納豆好きがそれなりにいると言われています。また、途中で関西から関東に移った場合、味の好みがどう変わるかというのは、個人や状況によって違うとしか言いようがありません。さらに言えば、味の嗜好は時代によっても大きく移り変わっています。つまり、私たちの味の好き・嫌いは絶えず周囲から影響を受けながら、相対的・主観的に変わり続けているわけです。

特に、意味や価値が強く影響を受けるのが、「信頼する他者」です。食べ物の例でいくと、テレビやグルメサイトなどで高い評価を得ている飲食店に行列ができることがよくあります。これは、そのテレビ番組やお店を紹介したご意見番、あるいはグルメサイトの高い点数を信頼するユーザーが多いからです。第1章で、私は「信頼できる情報は、意識的に検討しなくてもよくなります」「信頼があるからこそ、私たちは何も考えずに水道やペットボトルの水を飲み、買い物ができるのです。そうした社会的なベースがあってはじめて、私たちは毎日、仕事や勉強などに集中できるのです」と書きました。実はもう一つ、信頼には、意味・価値に影響を及ぼすという大きな力もあるのです。

当然、職場でも、こうした信頼の力は周囲に強く影響します。わかりやすいところで言えば、69ページからの〈メンバーに信頼されることの大切さを示す事例〉で小さな事例をいくつも紹介しましたが、あれらはすべて、信頼する上司や仲間の言動に影響を受けて、メンバーが変わっていったケースです。あのようにして、仲間への信頼は、一人ひとりの仕事の意味・価値、仕事姿勢・行動原則、自信などに影響を及ぼしていきます。その力は相当強いというのが、ＲＣＥの結論です。ＲＣＥが受け身体質問題に対処する際に仲間への信頼を重視するのは、こうした理由があるからです。仲間への信頼を高めれば、チームメンバーは自然とチーム内で良い影響を与え合い、その中でメンバー一人ひとりが自分の仕事の意味・価値を考え直したり、仕事姿勢・行動原則を見直したり、自信をつけたりしていくようになるのです。このようにして、仲間への信頼は、仕事の意味・価値、仕事姿勢・行動原則、自信を高めるベースとなり、受け身体質脱却の大きなパワーとなっていきます。

〈意味・価値は再発見・再確認・再創造されないと枯れていく〉

実はここに、再発見・再確認・再創造を重視する理由もあります。つまり、再発見・再確認・再創造とは、一人ひとりが改めて意味・価値を確定することなのです。「やはりこうしたことを大事にしなくてはならないんだな（再発見）」「どうしても軽視しがちだけれど、やはりこのポイントを外してはいけないよな（再確認）」「一見関係なさそうだけれど、実はこれも私たちが追求すべき顧客満足の一つではないだろうか（再創造）」などと考えることは、仕事における一種の冒険・探索・選択です。だからこそ、再発見・再確認・再創造は、メンバーが元気になる上で欠かせません。

さらにもう一つ、場面を想起することの重要性も、そこには関係しています。場面というのは、何かしら意味や価値を確定してくれるシーン、何かしらの感情を喚起させてくれるシーンのことです。場面には、「あなたは技術者じゃない、研究者だ！」とか「それが改善活動だ！　改善というのは、そういう小さなことが大切なんだ」のような印象的な言葉や行動や実践、あるいは信頼するヒトや象徴的なモノなどが必ず入っています。私たちはカギとなる場面を思い出すたびに、再発見・再確認・再創造を行い、意味や価値を確定させて、元気になるのです。

大事なのは、場面の想起と再発見・再確認・再創造は、何度も何度も繰り返さなければならないということです。なぜなら、第1章で説明した通り、会社組織から受け身体質の要因を一掃するのは不可能だからです。受け身体質になる要因がそこら中に転がっているのですから、放っておけば、私たちは誰もが少しずつ受け身体質になっていってしまいます。その流れに逆らうことはできません。意味・価値は、再発見・再確認・再創造されない限りはだんだん枯れていき、感情喚起力を失ってしまいます。それが自然の摂理です。

ですから、メンバーの自律体質を保つには、身体と心の中に、意味・価値の熱を繰り返し送り込み、受け身体質にならないようにし続ける必要があります。その手段が、第3章でお話ししたように、大事にすることを言葉にしたり、それをマネジメントに反映させたり、評価・研修・イベント・広報・採用などへ反映させることです。普段のビジネスや仕事の中にこうした機会を意図的にたくさん組み入れていくことが、メンバーの受け身体質を脱却する上で最も効果があると言って過言ではないでしょう。

以上を踏まえれば、兆し展開アプローチが必要な理由も理解していただけると思います。受け身体質の要因を一掃できない以上、メンバー個人の受け身体質を変えようと思ったら、兆し着眼とプラス着眼で変化の兆しをいち早くつかまえ、その兆しを展開していくのが効果的なのです。私たちの考えでは、それ以外にはほとんど方法がない、というのが現実です。

まとめれば、私たちは皆、自分が生まれ育った環境の中で、絶えず快・不快を感じ、好き・嫌いを感じながら、意味や価値を生み出しています。そして、信頼する他者からさまざまな影響を受けながら、自分なりの意味・価値のものさしを形成し、それを「自分」と呼んでいます。その私たちが受け身体質を脱却する上で最も欠かせないのは、仲間への信頼と、再発見・再確認・再創造の場、そして兆し展開アプローチです。

第5章

仕事の意味・価値、仕事姿勢・行動原則、自信について

この章では、これまであまり詳しく触れてこなかった三つの信頼、「仕事の意味・価値」「仕事姿勢・行動原則」「自信」について述べていきます。それによって、仲間との信頼の重要性が、より明確になってくるはずです。

＞仕事の意味・価値を見出す入口はいくつかある＜

まずは、「仕事の意味・価値」について説明します。

経営者の皆さんも、仕事の意味・価値の重要性に異論はないはずです。自分の仕事に確固たる意味や価値を感じているメンバーのモチベーションが高いことは明らかでしょう。「自分はやりがいのある仕事に就いている」「仕事を通して会社・顧客・社会に貢献できている」「今の仕事に就けて良かった」などと感じるメンバーが、やる気がないわけがありません。自律的な傾向を持つことも間違いないことだと思います。

図表8　仕事の意味・価値を見出す入口

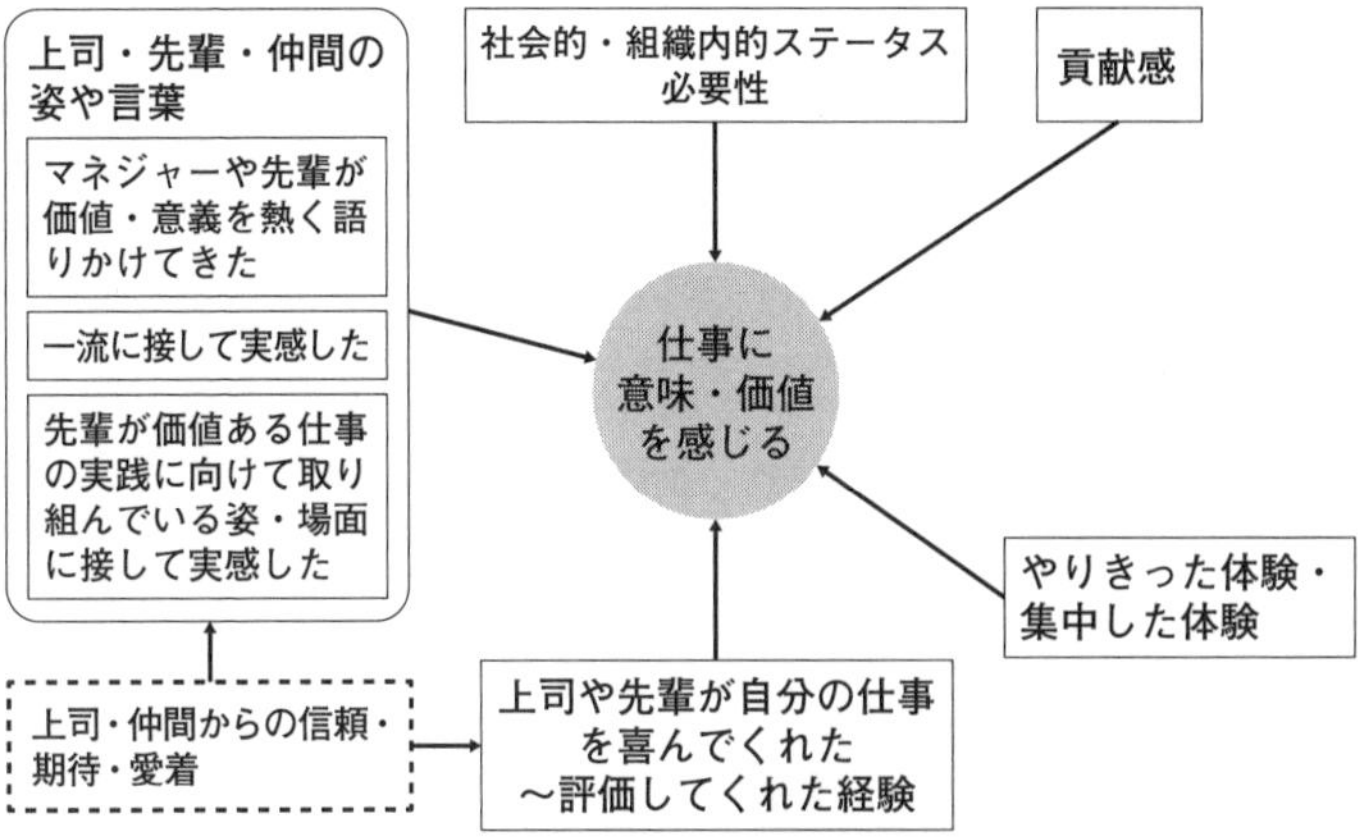

出所：RECRUIT COMMUNICATION ENGINEERING CO., LTD. 不許複製

しかし、私はさまざまなビジネスパーソンに話を伺ってきましたが、その中には、仕事に意味・価値を見出せていない方が少なくありませんでした。たとえば、研究所から現場に近いポジションに移ってはじめて、自分の仕事の意味・価値を実感できたとおっしゃる研究職の方がいました。研究所にいると現場が見えず、現場やお客様にどのように役立っているのかが見えにくいというのが、その大きな理由です。また新人や若手のうちは、多くが仕事の意味・価値を十分に理解できていないものです。仕事の意味・価値を見出すのは、決して簡単なことではありません。

では、どうしたらよいのでしょうか。私は、仕事の意味・価値を見出すときには、いくつかの「入口」があると考えています（図表8）。

一つ目に、「社会的・組織内的ステータスと必要性」という入口があります。弁護士や大学教授などの社会的ステータスの高い仕事に就けば、多くの場合、無条件で自分の仕事に意味・価値を見出すことができるでしょう。経営者・経営陣など企業内の要職にある方も同様です。また、看護師や介護士などの社会的な必要性が明らかな仕事、役に立っていることがはっきり目に見える仕事も、意味・価値・やりがいを見出しやすいでしょう。

貢献感から仕事の意味・価値を見出す

二つ目の入口は、「貢献感」です。どのような仕事でも、仕事を通じて貢献感を得られるタイミングがあります。それが仕事の意味・価値を見出す入口になることは多く、一種の王道と言えると思います。

貢献感にはいくつかの種類があります。一つ目は、顧客や受益者から喜ばれたり、誉められたりする経験です。

たとえば、ある高齢者向け食品小売企業・M社は卸も行っており、老人ホームなどに自社商品を納めているのですが、そのスタッフの一人が、日ごろから商品を納めている老人ホームに伺った際、亡くなったある老人のご遺族の方から、「御社の治療食があったから、最期までしっかり食事を摂ることができました。ありがとうございました」と直接言われ、感銘を受けたというエピソードを聞いたことがあります。

また、お金を入れてレバーを回すと、丸いケースに入った商品が落ちてくる「ガチャガチャ」は、皆さんも一度は見たことがあると思います。ゲーム店Nのスタッフに聞いた話では、このガチャガチャの本体が壊れると「故障中」の張り紙を貼ることになるのだそうですが、人気のあるガチャガチャだと、本体をメンテナンスして、その張り紙を取った途端、周囲にいた子どもたちが一斉にわっと集まってくるのです。そういうことがあるたびに、自分の仕事が目の前の子どもたちの役に立っていることがわかって嬉しいと、そのスタッフの方は話してくれました。

お客様から喜んでもらえた、役に立てたと思えるなら、このようなちょっとしたことでまったくかまわないのです。こうした小さな貢献感を入口にして、仕事に意味・価値を感じるようになる方もたくさんいます。

＞顧客の期待に応えられなかった体験がきっかけに＜

貢献感の二つ目は、少し意外かもしれませんが、一つ目とは逆の「顧客の期待に応えられなかった体験」です。これらの体験は、つらいからこそ、身体や心に強烈に刻み込まれ、何度も思い返すような記憶になりやすいのです。

以前、Oというチェーン店の店長さんは、店舗閉店の翌日、残務処理で店舗に行くと、もう開くことのないシャッターの前に、買い物かばんを持ったおばあさんがぽつんと一人立っていたのを見たそうです。おばあさんは、いつものようにお店が開くのを待っていたのです。その姿を見たとき、「閉店すると、お客様に迷惑をかけてしまうのだ。これからはできるだけ閉店を避けたい」と強く思ったと言います。

また、Pという会社のマネジャーの方は、営業担当だったときにあるビジネスが終了してしまったそうです。そのビジネスで取引していた農家を一軒一軒回って、ビジネスと取引の終了をお伝えしていくのが本当につらかったと言っていました。その農家さんは、地域特性を活かした商品仕入れを強化したときに、無理を言って取引をお願いし、応じてくださった方々なのです。このように閉店やビジネスの打ち切りを通じて、自分が携わるビジネスを頼りにしている顧客や関係者の存在を知り、発奮する姿もよく見られます。

それから、天災や事故などで商品が供給不足になり、欠品が増えた際に「あの商品、ないの?」という問い合わせを数多くいただいたり、「あの商品がほしい」という生の声を現地で聞いたりして、「販売できなくなってはじめて、自社製品の必要性を痛感したんです」と語るメーカーの方にも何人か出会ったことがあります。

私たちは、何かをなくしたときにはじめて、その価値や重要性を実感することがあるのです。「もし○○社がなくなったら」というCMをときどき見かけますが、天災や事故の際には、その製品・サービスの価値を感じたお客様の声を通して、本当に自社商品がなくなったときに何が起こるかを想像するチャンスが得られることがあります。これもまた、自分の仕事の意味・価値を知る機会の一つです。

仕事上の失敗から意味・価値を実感することもある

貢献感の三つ目は、「仕事上の失敗」です。仕事で失敗した経験が、自分の仕事の意味・価値を見出す大きな契機になることもあるのです。

ある損害保険代理店・Q社の営業の方は、いまだに後悔していることがあると言っていました。あるお客様の息子さんが、はじめて自動車免許をとったタイミングで、お客様から息子さんの保険についての相談がありました。「安いのでいいよ」と言われたのですが、最も安いタイプの保険では、何かあったときの保障が不足していました。しかし、お客様の口ぶりや雰囲気から、それ以上保険料を高くすると、他社に契約をとられる可能性が高いと感じ、最も安い商品を提案・受注したのです。

ところがその後、息子さんが事故を起こしてしまい、お客様が大きな負担を背負うことになってしまいました。もう少し高い保険をお勧めしていたら、負担はそこまで大きくならなかったのです。「それからは、本当にお客様のためになる商品しか販売しないことに決めています」と、その方は話してくれました。

ありがとう体験やトラブル体験をチームで共有しよう

これら三種類の貢献感が、自分の仕事の意味や価値を実感する入口になることは、多くの方々に納得していただけることではないかと思います。特に、顧客からの感謝の言葉は、難しいことを言わなくても、間違いなくストレートに働く人の心に届き、「やってよかった」「この仕事もまんざら悪いものではない」といった前向きな感情を引き起こします。長く働いていれば、誰しもこのように顧客から喜ばれた経験、「ありがとう」と言われた経験があると思います。

しかし、問題は、顧客からのありがとうを得られる機会がそれほど多くないことです。顧客からのありがとうが仕事の意味や価値を感じる王道だとしても、私が知る限りでは、その言葉をもらえるチャンスは意外と少なく、得られたときは幸運なのです。

もちろん、医者や弁護士のように何かしら深刻な問題を抱える顧客を相手にするプロフェッショナルや、消防士のように誰かの一大事やトラブルに救いの手を差し伸べる仕事に就いていれば、感謝される機会は多いでしょう。しかし、顧客やユーザーの期待度が総じて高い日本では、大半の仕事は、「きちんとできて当たり前。少しでも落ち度があればクレームが来る」のが実態で、感謝されることは決して多くないのです。

しかし、チャンスが少ないからこそ、私はその貴重な機会を活かさない手はないと思います。チャンスを最大限に活かす上でまず重要なのは、マネジャーが、部課内に届くありがとうへの感度を高くすることです。そして、メンバーの誰かが感謝の言葉をキャッチしたとわかったら、鮮度が落ちないうちに、すかさずそのことをチーム内で共有するのです。

そうすることで、キャッチした本人は、そのありがとうの意味をより深く理解できるようになりますし、周囲のメンバーは過去の自分のありがとう体験を再発見・再確認・再創造するチャンスを得ることができます。たとえ十年に一度しか起きないことでも、十人が共有し合えば、一年に一回は感謝の言葉を体験できるのです。

また、ありがとうと口にされるところまでいかなくても、顧客が喜んでいる姿を見かけたり、耳にしたりすることがあるはずです。自社商品を使ってくれた誰かが「良い商品ですね」と言ってくれたとか、自分たちが構築したシステムを使っているシーンを見かけたといったことなら、それなりにあるはずです。こうした体験やシーンを共有することにも、少なからず意味があるでしょう。もう一つ加えれば、すでに触れた通り、ミスやトラブルなどで顧客に迷惑をかけたり、信頼を裏切ったりする体験も実は重要です。こうした経験からも、自分たちの仕事の意味や価値を改めて考えることができるのです。

顧客の感謝の言葉も、喜びの姿も、ミスやトラブルも、いつ起こるかはまったくわかりませんし、前触れなく突然起こります。だからこそ、マネジャーがメンバーの体験にいつも注意して、できるだけスピーディーに、できるだけ多くのメンバーに共有する必要があります。

しかし、私が見る限り、こうしたコミュニケーションを重視している組織はそれほどありません。チームの業績や効率性にばかり光が当てられていて、感謝の言葉やミス、信頼の裏切りといったことは、隅でこっそり忘れられていくか、個人の胸の中に留まっているという組織が多いのです。ありがとうや顧客の喜びを少し共有するだけで、仕事の意味・価値を見出して、自律的になっていく社員は増えるだろうと思うのですが、そうしている組織は少ないのです。

自律的な集団と個人をつくりたいなら、マネジャーが率先して、組織にありがとうや顧客の喜びをどんどん共有する習慣をつけることをお勧めします。また、チーム内で、一人ひとりがどのようなときに仕事のやりがいを感じてきたかを話し合う時間・場を設けることは、チームメンバーが仕事の意味・価値を実感するシーンを増やす上で有効な一歩になりえます。そうした施策もぜひ試してみてください。

上司や顧客の後押しがやりきった体験を生む

次に紹介する入口は、ある意味で最も王道かもしれませんが、「やりきった体験・集中した体験」です。結果の成否にかかわらず、集中して真剣に取り組み、創意工夫をして最後までやりきることで、仕事のやりがいや楽しさを深く知るというのは、よくあるパターンの一つです。やりきった体験・集中した体験には、その人の汗と涙が染み込んでいます。その汗と涙が、仕事の意味・価値を教えてくれるのです。

これらに関しては、経営者・経営陣・マネジャーの皆さんも、それぞれに思い出すことがあるのではないかと思います。建設会社の施工管理や職人さんは、すべての足場が取り払われ、建築物の全貌がようやく見えたときにこみ上げてくるものがあるとよく言いますし、システム開発エンジニアの皆さんなら、システムのカットオーバー（本稼働）のタイミング、あるいはその後にお客様が実際にシステムを使っている姿を見て、開発してよかったと思う方が大多数だと聞いています。

私はこの種のストーリーをよく耳にしてきましたが、中でも強く記憶に残っているのは、ある化学会社R社のプラントエンジニアのエピソードです。この会社は二社が合併しており、互いに仕事のやり方が大きく違ったため、二社出身のメンバー同士がなかなか仲良くできていませんでした。しかし、RCEが設けたCES（コミュニケーションエンジニアリングサービス）の場では、彼らは「ファーストドロップ」の一言で強く共感しあい、話が一気に盛り上がったのです。

ファーストドロップとは、工場の定期修繕後、ラインから最初に出てくる液体のことです。化学プラントの場合、大きな定期修繕ともなると、まるまる一カ月はかかるのが普通です。工場のラインをすべて分解し、隅々まで点検・清掃・整備した上で、必要があれば部品を交換して、再びすべてを元に戻すのには、それだけの時間がかかるのです。もちろん、機器や資材の発注、工程の調整やマネジメントなどもしなくてはなりません。その定期修繕がうまくいった場合、運転再開後の最初に出てくる液体（ファーストドロップ）は無色透明なのです。少しでも色が濁っていたら、一カ月の作業はすべて無駄になり、やり直さなくてはなりません。

だからこそ、「透明なファーストドロップが出たときの感動はほかにないよな」という言葉に、みんなが一致団結したのです。そうしたら驚いたことに、二社のわだかまりがみるみる氷解していきました。やりきった体験には、ときには仲間との信頼を高める効果すらあるのです。

こうした経験をするときに実は重要なのが、「上司や顧客の後押し」です。私が知る限りでは、実は自発的に始めたケースよりも、上司から「やりなさい」と言われたり、顧客からお願いされたりしたことがきっかけで、やりきった体験・集中した体験をしたというケースが圧倒的に多いのです。そのとき上司の皆さんに望みたいのは、後押しするだけでなく、部下が集中できる環境を用意することです。どれだけ大きなプロジェクト、どれほど重要な仕事でも、当事者が真剣に関わらなければ、得られるものは小さくなります。彼らの経験を最大化するには、マネジャーのバックアップが欠かせません。

パートさんの評価が仕事の意味・価値につながることも

残る二つの入口は、どちらも上司・先輩・仲間の影響ですが、影響の仕方が少し異なります。

一つは、「上司・先輩・仲間の姿や言葉」に触れて、仕事の意味・価値を感じたというものです。これは本当に数が多く、特に職人の方々からは、「一流の先輩に接するうちに、仕事の意味・価値が腑に落ちた」という類のエピソードを聞かないことはほとんどありません。

企業でも、「マネジャーが自分たちの仕事の意義を熱く語ってくれて、自分が携わっている仕事の価値がわかった」とか、「先輩が価値ある仕事の実践に向けて取り組む姿に触れて、自分の仕事への取り組み方が変わった」といったことは日常的にあります。経営者・経営陣の皆さんも、そうしたストーリーにはよく接しているのではないかと思います。

もう一つは、「上司や先輩が自分の仕事を喜んでくれた～評価してくれた経験」です。上司が仕事を評価してくれた体験については、69ページからの〈メンバーに信頼されることの大切さを示す事例〉に多くの例を挙げましたので、参考にしてください。

ここでは、上司以外の例を追記したいと思います。尊敬できる存在・信頼する存在なら、評価してくれるのは、先輩でも後輩でも、パートさんでもよいのです。実際、飲食店などでは、ベテランパートさんの評価が仕事の意味・価値につながっていくケースが珍しくありません。

ある菓子店・S社で働く女性社員は、自分のシュークリームの皮の焼き上がり加減を、いつもベテランのパートさんに評価してもらっていたそうです。シュークリームの皮は、湿度や室温によって加熱温度や焼き加減を変えなくてはならず、けっこう難しいのです。「今回の出来栄えはなかなかだね」と言われると本当に嬉しく、反対に「あんた下手ね」と言われたときはショックだったのですが、今思えば、あのパートさんに腕を磨いてもらったのだと彼女は語っていました。

また、中華料理チェーン店・T社のある社員は、厨房にはいっていたとき、なかなか真っ白にならないレンゲを真っ白にする洗い方を編み出したそうです。「それからというもの、パートさんが洗い場を確認するようになって、そこに私が立っているときには、レンゲの汚れを確認せずに、そのままお客様のところに持っていくようになったんです」と話してくれました。彼はそうしたパートさんの姿から、自分の仕事の価値を敏感に感じ取ったのです。

仕事の意味・価値の裏には仲間への信頼がある

以上が、仕事の意味・価値を感じる主な入口です。この中で、受け身体質脱却を考える上で着目すべきなのは、後半の「やりきった体験・集中した体験」「上司・先輩・仲間の姿や言葉」「上司や先輩が自分の仕事を喜んでくれた〜評価してくれた経験」の三つです。なぜなら、これらはマネジャーがチャンスを増やせるからです。対して、社会的・組織内的ステータスと必要性はどうにもなりませんし、三種類の貢献感はチャンスが少なく、いつ起こるかがまったくわかりません。マネジャーが感度を高くして、発見したらすかさずチーム内で共有することが効果的ですが、それ以上のコントロールはできないのです。

ですから、意図的に部下の受け身体質を脱却させようとするなら、やりきった体験・集中した体験、上司・先輩・仲間の姿や言葉、上司や先輩が自分の仕事を喜んでくれた〜評価してくれた経験の三つに着眼して、手を打っていく必要があります。私たちは、第3章で説明した方法に、この三つを組み込んでいます。

注目してほしいのは、この三つはいずれも上司と仲間の影響が極めて大きいことです。仕事の意味・価値への信頼の裏には、やはり仲間への信頼が潜んでいるのです。その根本的な要因は、第4章で説明した通り、意味や価値は信頼する他者の影響を受けるからです。

仕事姿勢・行動原則はセルフコントロールに欠かせない

次に、「仕事姿勢・行動原則」の説明に移ります。

仕事姿勢や行動原則をしっかり持つことが、なぜ重要なのか。結論から言えば、それは仕事姿勢や行動原則が、「セルフコントロール」に欠かせないからです。そして、セルフコントロールできるかどうかが、自律的になるか受け身になるかを左右しているからです。

働いていると、日々必ず何かしらの問題・課題に直面します。たとえば、いまの自分の知識・技術では解決できない難題に直面することがあるでしょう。解決方法のアイデアを出すことはできたけれど、うまくいくという確信が持てないとき、一歩を踏み出してアイデアを試せる人と、そうでない人がいます。

また、向かっている方向は間違いないと思うのだけれど、なかなかチャレンジの成果が出ないということも珍しくありません。そのとき、自分の考えを信じて続けられる人と、そうでない人がいます。さらに言えば、長い職業人生の中では、失敗に終わってしまってやる気が出ないことや、二律背反をどうしたらよいかわからず、途方に暮れることもあるでしょう。そうしたとき、再び立ち上がってチャレンジできる人と、そうでない人がいます。

世の中には、何があっても前に進む人と、何かと悩んで立ち止まる人がいます。具体的な課題を設定して、集中して取り組む人と中途半端にあちこち手をつける人がいます。諦めずにやりきる人と、すぐに諦めてしまう人がいます。結果の良し悪しに関係なく、プロセスから何かを学ぶ人と、結果に一喜一憂して終わってしまう人がいます。

その両者にどのような違いがあるのでしょうか。ＲＣＥは、そこにはセルフコントロール力の違いがあると見ています。もちろん、才能や意欲の差があるケースもありますが、実は、セルフコントロールできるかどうかが大きな違いになることがよくあるのです。

では、セルフコントロール力の違いはどこから生まれるのか。それは、過去の経験から自分なりの仕事姿勢・行動原則をつかみ取っているかどうかです。自分の成功体験や失敗体験を振り返り、反省や内省をして、自分の何が成功の要因だったのか、自分には何が欠けていたのか、自分は何を大切にしなければならないのかといったことを理解し、感情や行動をセルフコントロールすることが大事なのです。それができる人は、自然と自律的になれる傾向があります。

逆に言えば、自分の経験から学べない人、セルフコントロールできない人は、受け身体質になりやすいのです。セルフコントロールできない人の多くは、自分なりの仕事姿勢・行動原則が曖昧なために、何事にも右往左往、一喜一憂しがちです。ただし、曖昧ということと、そういうものを持っていないということは違います。持っていない人は、あまりいません。大事なことは、誰だってなんとなく認識しています。ただ、それが何かは、言われないとわからないのです。

そういうタイプの人は、たとえば誰かに「諦めては駄目です」と言われたら、その場では「そうですよね、諦めないことが大事ですよね」と認識する人がほとんどですが、すぐに忘れてしまいます。何かを学んでも、それが仕事姿勢や行動原則に反映されないのです。要は、その人にとって「諦めない」という言葉が、自分をセルフコントロールするほどの深い言葉になっていないのです。

こうしたセルフコントロール力は、本人が反省や内省を繰り返して磨くほかにありません。ですが、何がその人にとって大事な仕事姿勢・行動原則なのかを整理して、大事なことだという認識を支援すること、その気付きをするためのアドバイスは提供できるはずです。人の認識は、自分で気づくだけでなく、他から「その通りだ」「私もそう感じる」と言われないと確定しないものです。つまり、実感は、発見の感動と認知・共感の掛け算で生まれるのです。そして、その認識、実感を強いものにするのが、尊敬する人・認める人からの認知・共感です。

いかがでしょうか。以上の説明で、仕事姿勢・行動原則も、仲間への信頼の影響を受けていることをある程度理解できたのではないかと思います。

＞結果への自信、方法への自信、信念・スタイルへの自信＜

それでは、三つ目の「自信」に入りましょう。

自信を持つことが大事だということに、多言を要しないと思います。受け身体質を脱却

図表9　ビジネスにおける自信とは何か

要因	内容
結果への自信	自分は次もきっと成功する
方法への自信	このノウハウ・知識・技術・方法でいけば次もうまくいく いろいろなところに活かせる
姿勢への自信	ゼロからスタートして、さまざまな問題・困難に遭っても逃げずに最後まで諦めずに知恵を絞った 次も結果が出るとは限らないが、自分のベストを尽くす自信はある

出所：RECRUIT COMMUNICATION ENGINEERING CO., LTD. 不許複製

し、自律体質に変わっていく上で、自信をベースにした勇気は当然欠かせません。十分な自信を持てなければ、私たちは恐ろしい現実を直視して立ち向かっていくことも、不確実な未来に希望を見出すこともできません。経営者・経営陣の皆さんなら、このことは私よりもよくご存じではないかと思います。

しかし一方で、自信を持つための有効かつ簡単な方法がなかなか見つからないのが、自信の特徴でもあります。皆さんの中には、これまでに部下たちに自信を持たせようとして、始終頭を悩ませ、試行錯誤してきた方がきっとたくさんいるはずです。

そもそも、自信の定義が曖昧で難しいのです。そこで私たちは議論を重ね、ビジネス上の自信を次の三つに大きく分類しました（図表9）。この三つの違いは、自信を持つ対象です。

1　結果への自信

明確な根拠があるわけではないのですが、今までの実績や成果を基にして、自分は次も成功できるだろうと思うことが、結果への自信です。ある程度の成功体験を積んだ若手社員は、まず結果への自信を強める傾向があります。結果への自信を持ち、ポジティブ思考になることは、基本的には良いことです。それによって自分が励まされ、現実に立ち向かう力が湧いてくるというメリットがあります。

しかし、問題は、結果が出なかったとき、結果への自信は脆くも崩れ去る可能性が高いことです。運が悪かっただけだから、次は大丈夫などと言いながら、内心ではもう自信とプライドがズタズタになってしまっているケースも多く見られます。ビジネスの世界では、結果はある程度、時の運やめぐり合わせ、世界・社会の状況などが左右します。言うまでもないことだと思いますが、いくら努力して最善を尽くしたとしても、結果が出ないことがあります。そうしたとき、結果への自信だけでは逆境を乗り越えることはできません。結果への自信だけでは、足りないのです。

2　方法への自信

方法の自信とは、「この方法・ノウハウ・技術・知識を使えば、次もきっとうまくできる」「この方法・ノウハウ・技術・知識はさまざまな場で活かすことができる」などと考えることです。

結果への自信に比べると、方法の自信は強固です。現実や状況が大きく変わらない限りは、身につけた方法・ノウハウ・技術・知識で、継続的に成功を収めることができるでしょう。それによって、自信をどんどん大きくしていくことも可能です。

しかし、現実や状況は必ず変化します。問題は、どんなとき、どんな現実にも通用するノウハウ・知識・技術などがないことです。最新の方法は必ず古びます。模倣され、当たり前の方法になります。そして、そのうちに新しい方法にとって代わられるのです。そうなったとき、方法への自信は役に立たなくなります。

「成功体験に固執するな」とよく言われますが、それはつまり、「方法への自信に固執するな」ということでしょう。一時的に方法への自信を持つことはかまわないのですが、それにいつまでも頼ることはできません。そのことを忘れないようにしましょう。

3　姿勢への自信（成果・方法を生み出した原動力への自信）

まったく新しい環境、経験がほとんど通用しない仕事、大きくて困難なミッションには、さまざまな不安要素がつきまといます。「結果の影響力が大きい」「正解がわからない」「成果が出るまで長い時間がかかる」「努力しても報われないかもしれない」「次から次へと問題・障害が立ちふさがる」「失敗したら、これまで築き上げてきたことを失うかもしれない」。結果への自信や方法への自信では、こうした状況に立ち向かっていくことはできません。では、このような状況下で自分を強く持って着実に前に進んでいくには、どのような自信を持てばよいのでしょうか。

ＲＣＥでは、それを「姿勢への自信」と定義しています。仕事なんて、未来なんて、結果なんてどうなるかわからない。やり方だって、これが正しいかどうかわからない。でも、やる以上は自分のスタイルでベストを尽くして、やりきる。自分には、その自信がある。姿勢への自信とは、そう感じることを指します。

姿勢への自信を得るには、三つのことが重要です。一つ目は、大きな困難を克服すること、修羅場をくぐることです。修羅場体験が、姿勢への自信を形成し、大きく成長させる原動力となることは間違いありません。実際、私がこれまで多くの経営者やビジネスリーダーを見てきた限りでは、姿勢への自信を備えたリーダーたちには、共通して何かしらの修羅場経験がありました。大きな困難や修羅場を克服した経験から、しっかりとした姿勢への自信が得られるのです。

しかし、修羅場体験が姿勢への自信に直結するかといえば、必ずしもそうではありません。修羅場に叩き込まれることによって、逆に壊れてしまう人も決して少なくありません。

では、優れた経営者やビジネスリーダーはなぜ修羅場体験から姿勢への自信を得られたのでしょうか。私見では、彼らの多くは、いきなり大きな困難に当たったのではなく、(本人が意図したものではありませんが) 小さな困難をいくつも越えた後に、大きな困難にぶつかっていました。その経験があったからこそ、修羅場にも怖気づくことなく、前向きに立ち向かい、それを乗り越えることができたのです。

ですから、メンバーに姿勢への自信をつけてもらおうと思ったら、マネジャーはその実力に見合った困難を用意することが大切です。これが重要なことの二つ目です。いくつもの困難に立ち向かううちに、少しずつ実力と自信がついてきます。そうしたら、チャンスを見計らって、今度は修羅場を与えるのです。その試みがうまくいけば、メンバーにきっと姿勢への自信が芽生えてくるはずです。

三つ目に重要なのは、上司の働きかけです。我々はCESを通して、数えきれないくらい多くの成功体験に接してきましたが、その結果、自信を持つ上で重要な成功体験について、いくつか発見したことがあります。それは、次のようなことです。

●小さな成功体験は他者から評価されることが少ない
成功体験を持っていない人はいない。しかし、自他ともに認めるような大きな成功体験、困難な状況の中で大きな成果を出すような成功体験を持っている人は少ない。多くの成功体験は、本人にとっては困難な状況を乗り越える重要な体験なのだが、外側から客観的に見ると、それは「小さな成功体験」にすぎない。そうした小さな成功体験は、他者から評価されることが少ない。それゆえ、多くの人は、自身の小さな成功体験を成功体験だと認識しておらず、自信につなげられていない。

●成功体験を振り返って次に活かしている人が少ない
成功体験を振り返り、その要因を自分のものとしている人は少ない。さらに言えば、自分の成功体験から得たものを次に活かしている人は極めて少ない。つまり、成功体験がせいぜい記憶に残る体験だけに終わっていて、自信の面でも方法の面でも、次につながっていないことが多い。

●成功体験の多くは主体的に取り組み始めたものではない

もちろん、成功体験の当事者はそのことに主体的に取り組んでいるが、その体験の入口・きっかけは、上司からの指示・要望、顧客からのクレームといった取り組まざるをえない状況がほとんどで、実は自分から主体的に取り組み始めたものはとても少ない。最初から主体的な人はめったにいない。

これらを踏まえると、姿勢への自信をつけてもらうためには、次のような上司の働きかけが重要です。

○ 部下一人ひとりに適切なレベルの課題を用意する（課題をあてがうのではなく、その課題に挑戦せざるをえない状況をつくる）

○　挑戦の成否が出たら、その体験を評価して部下にフィードバックする（成功体験なら成功体験だと明確に伝える）

○　フィードバックの際、つかんでもらいたいこと、活かしてもらいたいことを部下に伝える

こうした上司の働きかけがあれば、メンバーの皆さんは、きっと自分の成功体験から貪欲に学ぶでしょう。そして、着実に自信をつけていくに違いありません。この繰り返しが、「チャレンジ課題→成功体験→自信→成長・達成意欲→より難易度の高いチャレンジ課題→成功体験→自信→成長・達成意欲→より難易度の高いチャレンジ課題……」という成長のスパイラルを回していくはずです。

「信頼する他者」の評価が自信を大きく左右する

この章の最後に、上司の働きかけのカギとなる「信頼する他者」の評価についてお話ししたいと思います。そのことを詳しく説明するために、まず二つのエピソードを紹介します。

一つ目のエピソードです。あるビジネスパーソンが営業を担当していた時代、営業メンバーからマネジャーへの昇進前のタイミングで、不条理としか思えないような高い目標を与えられました。さらに、他部門の信じられないようなミスが続いたこともあり、一年間にわたって、彼はずっと売上目標に届きませんでした。そのため、次の年のマネジャー昇進は叶いませんでした。

そんなある日、当時のマネジャーが彼に、『あの男は、不運や理不尽が続いても腐らずに、手を抜かずに仕事をしている。ああいう姿勢を持ったヤツこそ、我が社になくてはならない人材だ』と部長が言っていたぞ」と伝えてくれたのです。彼はいまだにその言葉が忘れられないと言います。このマネジャーの一言が、「今の姿勢を貫いて仕事に向かえばよいのだ」という自信を深めてくれたからです。

二つ目のエピソードも、同じビジネスパーソンの話です。メンバー全員が参加のあるミーティングで、事業トップが「あなたには才能も能力もないが、あるときから高い志を持ち始め、自分を律してひたむきに努力を続けるようになった。その姿勢・生きざまが、チームメンバー全員に大きな影響を与えていると思う」と言ってくれたのだそうです。

彼は、その瞬間、涙が出るほど嬉しく、「自分の姿勢は間違っていなかったんだ」「この志を貫いていけばいいんだ」と心の底から思えたそうです。実際は、それまでの彼は、事業トップが言うほどには自分の姿勢・志・価値観を明確に意識していなかったそうですが、それ以来、姿勢・志・価値観をとても重視するようになったと言います。それから二、三十年経った今でも、逃げたい、サボりたいと思ったときには、この言葉を思い出して踏ん張っているのです。

他人事のように書きましたが、実は、この二つのエピソードは、どちらも私自身に起きたことです。手前味噌で大変申し訳ないのですが、どうしても私のこのエピソードを皆さんにお伝えしたかったのです。

その理由はただ一つで、「姿勢への自信をつけるには、尊敬・信頼する誰かから認められる必要がある」ことを示したかったからです。もちろん、尊敬・信頼する誰かから認められたら、人は必ず変わる、などとは言えません。しかし、信頼する他者からの評価があってはじめて、姿勢への自信を身につけられるケースが多いのは、間違いのない真理です。私たちは、「人は他者から信頼されたところの人になり、自ら信頼するところのものになる」ことを確信しています。これがRCEのビジネスの根幹にある思想です。

第4章で書いた通り、意味や価値は、そもそもは個人の快・不快や好き・嫌いから偶発的に生まれるものです。しかし、これも第4章で説明しましたが、意味や価値は、一度発した後は信頼する他者の影響を強く受けるのです。ですから、生き方・信念・価値観・姿勢などがいったん形になったとしても、信頼する他者からの評価がない限り、それらの意味・価値は定まりません。私たちは、周囲から認められてはじめて、自分の生き方・信念・価値観・姿勢の良さがわかるのです。

自分は良いことをしたと思っていたのに、尊敬する誰かから「そんなことで満足していてはダメだ」と言われた途端、自分の行為がたいしたものではなかったように思えてくるのも、原理は同じです。誰しも、親や先生、上司や尊敬できる先輩といった信頼する他者からの評価に、日々多大な影響を受けているわけです。

つまり、この効果には功罪があって、たとえば店舗スタッフがいくら気を利かせて、お客様に喜んでいただいたとしても、店長が「そんなことはしなくていいから、もっと効率的に働け」と言っただけで、その成功体験は成功体験ではなくなってしまいます。逆に、店長や先輩たちが「よくやった」と声をかければ、そのスタッフは自分の成功体験に、そのとき自分が感じていた何倍もの意味・価値があると知り、次もまた工夫して、お客様に喜んでいただこうと意気込むはずです。信頼する他者からの評価には、生き方への自信を大きく左右しうる力があるのです。

その人の自信の源となる成功体験ですら、多くの場合は、信頼できる誰かから成功だと言われて、はじめて成功だと感じることができるものです。つまり、一人で自信を持つというのは、実はかなり難しいことなのです。

ただし、よりレベルの高い話をすれば、本当は「自分の中に信頼する他者を持ち、その他者が自分を認めることで自信をつける」のがベストです。それができない限りは、どうしても他者からの影響に振り回されてしまうからです。

しかし、自分の中に信頼する他者を持てるようになるには、かなりの経験が必要です。結局、自分の中に信頼する他者を育てるには、それ以前に、信頼する他者の影響を受けるプロセスが欠かせないというわけです。

結局、仕事の意味・価値を見出す上でも、仕事姿勢・行動原則を広めるときにも、一人ひとりが自信をつける上でも、信頼する上司や仲間の評価が必要なのです。このようにして、仲間への信頼は、信頼全体に影響を及ぼしていきます。仲間への信頼を高めるだけでいろいろなことが変わっていく背景には、こうした関係性があるのです。

第6章

二つの事例から成功体験をみる

以上を踏まえて、この章では、より詳しい事例を二つだけ紹介します。ところで、「プロローグ」で、社員が能動的・自律的に働く会社として、A社の事例を紹介したことを覚えているでしょうか。以下のような社員たちがいる会社でした。大事な内容ですから、再掲します。

●A社の社員は、自分の仕事が終わっても仲間の仕事を主体的に手伝います。

A社の商品をお客様のもとに配送するドライバーは、毎日、自分の配送分を配り終えたら、近くを走っているドライバーに電話して、状況を確認します。そして、未配送の商品を積んでいる仲間がいたら、どこかで待ち合わせをして荷物を分け合い、手分けして配送を行います。彼らはこうして日々、主体的に助け合っています。

●A社の社員は、よりよい仕事をするために積極的に提案して、実際にやってみます。

あるときから、商品を保管する倉庫の一つで、一日の全配送が終わった後にメンバー全員が集まって倉庫の棚卸しを行うようになりました。きっかけは、あるスタッフが「在庫管理の精度をもっと高めたい」と提案したことにあります。倉庫を仕切るマネジャー以下全員が、そのスタッフの提案を真剣に受け止め、配送後の棚卸しを日々の業務に組み込んだのです。それを聞きつけた別の倉庫でも同様の動きが広まり、現在では、会社全体で当たり前の習慣として根づいています。

●あるスタッフの考えたサービスが全店舗共通のサービスになりました。

店舗に来店して商品を購入したお客様が、重い荷物を抱えて帰る姿を見て、あるスタッフが自主的に「来店者向け宅配サービス」を始めました。それが全社で話題となり、来店者向け宅配サービスは、ほどなくして全店舗共通のベーシックなサービスとなりました。

●年末年始の繁忙期、本社スタッフや営業が自主的に現場ヘルプに駆けつけます。

年末年始、現場の店舗や配送は大変な忙しさになります。そのことをよく知っている本社スタッフの皆さんは、通常業務が終わると自然に現場へ向かい、配送などのヘルプに入ります。若手社員だけではありません。ベテランの部長・課長層も、寒い中を現場に駆けつけるのです。年末年始は基本的に休みとなる営業部にも、自主的な現場ヘルプを呼びかけるメールが流れて、毎年かなりの数の営業メンバーが手を挙げます。

●誰かが困っていたら、「手伝ってほしい」と発信しなくても周囲が駆けつけます。

中途入社の方が語っていたことです。「A社に入ってびっくりしたのは、自分が管掌しているコールセンターのシステムがダウンしたとき、誰にも『手伝ってほしい』と発信していないのに、仲間たちがどこからともなく続々とコールセンターに集まってきて、次々にかかってくる電話を取り、メモを取り始めたことです。この会社では、そういうことをみんな当たり前のようにやっています。『今はあそこが大変なんだから、みんなで手伝おうよ』という風土ができ上がっているんです」。

このA社は、「株式会社カクヤスグループ」です。一つ目の事例は、その株式会社カクヤスグループがどのように変化し、そのメンバーが受け身体質を脱却していったのかというストーリーです。

〈事例1〉カクヤスの受け身体質脱却ストーリー

株式会社カクヤスグループ（以下、カクヤス）は、東京都を中心に、「なんでも酒やカクヤス」「ＫＹリカー」を展開する業界売上トップクラスの酒販企業です。首都圏に住んでいるならご存じの方も多いでしょう。カクヤスは、後ほど説明する「サテライトステーション（ＳＳ）」、年中無休の三六五日配送、都内宅配網の構築、無料宅配サービス、店舗の年中無休営業、時間帯指定物流、来店者向け宅配サービス、酒クール便など、当時この業界にとって画期的なサービス・戦略を次々に打ち出して成長を遂げ、現在は１０００億円を超える売上（１０８５億円・２０２０年3月期実績）を打ち出しています。

誤解を恐れずに言えば、カクヤスの現場の仕事は、３Ｋの典型のような重労働です。カクヤスは、東京二十三区では店舗から半径一・二キロを商圏として無料宅配を行っており、ビール一本でも無料で配達しています。私はカクヤスとは二十年以上の付き合いがあり、何度も社員の皆さんの仕事ぶりを拝見してきましたが、生樽ビール・瓶ビール・ウイスキー・ワイン・ミネラルウォーターといった非常に重い商品を、暑いときも寒いときも台風のときも大雪のときも、ひたすら配達する現場の忙しさ、大変さは半端ではありません。仕事を続けること自体がそもそも厳しく、社員の皆さんがやらされ感の塊となって、経営者や上司への不満を大きくしていっても、何らおかしくない職場環境です。

しかし、そんな職場環境でありながら、先に紹介したように、カクヤスは「自律的な姿勢」を持った社員の集まりなのです。カクヤスの現場では、経営陣や上司の命令ではなく、現場メンバーや本社スタッフの主体的な行動によって、ビジネスのイノベーションや変化がどんどん起こっています。

しかし、カクヤスが最初からこのような会社だったかと言えば、そんなことはありません。むしろまったくの逆だったのです。では、どのような変化があったのでしょうか。カクヤスの歴史を紐解いていきたいと思います。

受け身体質の典型例と言ってよいような職場だった

1981年、現・代表取締役社長で三代目の佐藤順一さんが入社したとき、カクヤスは銀座に店舗を構える社員十五名ほど、トラック六台、年商七億円ほどの中小酒販店でした。市場が厳しい、商品での差別化が難しい、ヒト・モノ・カネ・情報・技術などのあらゆる資源が足りないといったよくある悩みを抱えた、ごくありふれた中小企業でした。

特に問題があったのは、社員のモチベーションでした。当時は、欠品やトラブルが日常茶飯事で、大手のお客様との取引がなくなると「仕事が減って嬉しい」と喜ぶようなメンバーばかりだったのです。社員たちは配達しかやらず、朝一番の留守番電話の確認・伝票起こし・代金回収などは、すべて佐藤さんが一手に引き受けていました。まさに受け身体質の典型例と言ってよいような職場だったわけです。

そんなカクヤスは、三十年、四十年の間に、受け身体質から自律体質へと大きく変わってきたのです。私は、その変化の潮目に立ち会ってきました。そのことを詳しく説明していきたいと思います。

私が佐藤さんと初めてお会いしたのは、1995年のことです。その二年前の1993年に社長に就任した佐藤さんは、1994年に「銀座作戦」という大胆な手を打っていました。当時、銀座の繁華街に進出してきたディスカウントストアに対抗するための作戦です。具体的には、次の二つの取り組みを進めました。

①ルート物流の価格を変更：ルート物流とは、当時銀座などでは一般的だった酒販店のサービスです。飲食店のお客様に前日までに発注してもらい、それを次の日、まだお店が開いていない午前から午後の時間帯にまとめて配送します。ルート物流では、それ以外の対応はしません。銀座作戦ではこのルート物流は今までどおり行いましたが、価格は銀座に出店してきたディスカウントストアと同価格に揃えました。

②新サービス・サテライトステーション（SS）を開始：ルート物流の価格を変えた上で、佐藤さんは、画期的な新配送サービス「サテライトステーション」を始めました。これが銀座作戦の中核サービスです。SSは、「当日二十二時まで、一本からでも電話で発注可能」

で、「発注から二時間以内に配送する」という、ルート物流と比べると圧倒的に手厚い内容のサービスです。今では、これがカクヤスのサービス基盤となっていますが、当時は、周囲の酒販店もディスカウントストアも、どこもまだこうしたサービスを行っていませんでした。

現在の私たちから見れば、SSが、飲食店のお客様にとってありがたいのは当たり前のことです。この銀座作戦は大当たりで、それによってカクヤスは、銀座地区のお得意先を五倍以上に拡大することに成功しました。あわせて、社員数も短期間で一気に倍増しました。急成長を遂げたわけです。また、佐藤さんは並行して役職給や給与のオープン制を導入し、報酬システムの改革を進めました。その影響で、古株社員が次々に離れていきました。私が佐藤さんと出会ったのはその時期でした。ちょうど古株社員の多くが辞めるとともに、社内が新たに入社した中途採用社員で溢れ返っているタイミングだったのです。

とはいえ、当時はまだ、組織は佐藤さんのトップダウンで動いていました。「社長の言っていることをやれば間違いない」「社長が言っているからやろう」という雰囲気が社内に広がっており、役員や現場の社員から、佐藤さんに対して何か提案が上がってくることはまずなかったといいます。この時点では、カクヤスは間違いなく受け身体質の会社でした。ただし、佐藤さんも、そのことにたいして大きな問題意識を抱えていたわけではありません。当時は、もっとボトムアップで部下たちから提案が上がってきたら嬉しい、と思っていた程度でした。

＞四日間で幹部が受け身体質から自律体質へ一挙に方向転換した＜

私が出会ったとき、佐藤さんにインタビューして明確になったのは、佐藤さんが会社を経営していく上で大事にしている「意思決定の基準」や、会社を続けていく「力の源泉」です。それは次のようなものでした。

○ 家業から、「事業」へ
○ 歴史はあるが、影響力のない会社から、「歴史もあって、影響力のある会社」へ
○ 不合理、不条理がまかり通る会社から、「ある程度の理屈が通る会社」へ

○　夢や希望が持てない会社から、「夢や希望を持てる会社」へ
○　大学の卒業名簿に社名を書くことを躊躇してしまう会社から、「堂々と誇りを持って名前を書ける会社」へ

また、佐藤さんは部下に対して、次のような思いを抱いていました。

○　上司―部下という役割期待関係の前に、「人間対人間」として、一緒にやっていきたいし、やっていこうとしている
○　部下たちの前向きな思い・エネルギーに信頼を寄せ、期待している

私はこのインタビューを経て、こうした意思決定基準や社員に対しての思いに共感し、力が湧いてきました。と同時に、これらはすべて、カクヤスで働く全社員が、本当は心の奥底で望んでいる夢や目標ではないかとも感じました。そこで私は佐藤さんに、「この意思決定基準や社員に対しての思いを、まずは経営幹部に共有して、深く理解・共感してもらう場をつくりませんか?」と提案したのです。そうすれば、経営幹部が社長の意思決定を待った

り、社長の顔色を窺ったりすることも、幹部一人ひとりが勝手な基準で判断・行動することもなくなるのではないか。ひいては、経営幹部や現場の社員が、自主的に的確な判断・行動を行える「自律的な集団」に変わっていくのではないか。そうなっていけば、増え続ける中途入社社員の皆さんも動きやすくなるのではないか。そう考えたのです。佐藤さんにこうした仮説をご理解いただいて、私たちのサービス「CES」（コミュニケーションエンジニアリングサービス）の導入が始まりました。

CESは四日間にわたって実施しました。参加者は、仕入れ商品担当の専務・営業担当取締役二名・営業部長の四名です。佐藤さんはオブザーバーという形で入り、私がCE（コミュニケーションエンジニア）として場をマネジメントしました。その内容は、以下のようなものでした。

○一日目：事業戦略—競争優位性について語り合う
○二日目：社史・沿革と意思決定の基準値について語り合う
○三日目：持続的成長の五条件（モチベーション・コミュニケーション・顧客接点・SーPDS〈基準に基づいた仮説—実行—検証サイクル〉・意思決定の基準値）について

語り合う

○ 四日目：カクヤスと佐藤社長のこれまで・今・これからについて語り合う

この場で目指したのは、幹部の皆さんに、今後のカクヤスをどうしていくべきか、自分なりに考えてもらうことでした。そのために四日間、以上のテーマについて、ああでもない、こうでもないと意見を交わしてもらい、佐藤さんの意思決定基準を実感してもらったり、自分たちが取り組んでいる事業―仕事の価値を感じてもらったりしたのです。ここで大事なのは、社長が大事にすることやカクヤスの強みなどを「自分ごと」で話してもらうことです。自分ごととして話し合うと、各自の腑に落ちていくからです。それが受け身体質脱却の原動力となるのです。ちなみに、この四日間、佐藤さんは基本的にはずっと黙って耳を傾けていました。ただ、セッションの合間には、参加者の幹部たちと意見交換したり、彼らの提案を早速承認したりと積極的に動いていました。

私も想像していなかった出来事が起きたのは、最終日・四日目のことです。幹部の皆さんが、「改めてSSって良いサービスだよね」と、自社サービスの価値を見直した上で、「SSを新宿に出しちゃいますか」「池袋、上野もいけるよ」「やっちゃう?」「やっちゃいますか」

と、主体的に経営判断をしていったのです。こうしたＳＳの多地域展開は、実は佐藤さんがやりたいと強く望んでいたことでしたが、それまでは幹部たちが、さまざまな理由から反対していました。ところが、この四日間で反対が賛成に変わり、それどころか自分たちが中心となって進めていくというところまで進んだのです。ＣＥＳを通して、幹部の皆さんにこれだけの変化が起きたのです。当然ながら、佐藤さんはそのアイデアを喜んで承認しました。

ＣＥＳで決まった「新宿・池袋・上野でのＳＳの新規展開」は、言い出した幹部たちが主導し、自ら知恵を絞ってやり抜いた結果、たった半年で実現し、軌道に乗っていきました。その間、佐藤さんはもちろん彼らの相談に乗りましたし、佐藤さんが決めなくてはならないことは決断・指示したのですが、それ以外のほとんどを幹部に任せました。

こうして、四日間で幹部が受け身体質から自律体質へ一挙に方向転換したのです。さらにいえば、実は最も変わったのは、オブザーブしていた佐藤さんかもしれません。佐藤さんからは、「研修後に、『なんだ、みんなと一緒にやればいいんだ』と思うようになりました」「ＣＥＳのおかげで、戦略上の意思決定・合意形成が非常に速くなりました」、そして「カクヤスは価値優位の戦略をとっていたのですね」という嬉しい感想をいただきました。つまり、佐藤さん自身が、自分の経営戦略をより深く理解できたのです。そのことによって、佐

図表10　「カクヤスを支える5つの条件」と「スピリット・オブ・カクヤス」

カクヤスを支える5つの条件

もっとも大事なのは、将来にわたって「カクヤスらしさ」を持ち続けていくことだと考えています。経営トップ以下全員が、以下5つの「カクヤスを支える条件」を決して忘れないようにしています。

条件1　売上・利益という指標は大切だが、それ以上に大切なのはお客様に対し何が出来るかである。出来たことの結果が売上・利益となる。売上は利益を得るための手段、利益は事業目的達成のための手段。

条件2　お客様のご要望には何でも応えるべく社をあげて全力を尽くす。
スタッフはお客様に、マネージャーはスタッフに、ボードはマネージャーに向く。

条件3　新しい仕組み・サービス構築のために、試行錯誤が常に行われている。
どんな提案にも必ず意味があるとみんなで考えられる。

条件4　人としての上下関係はなく、常に相手を尊重し、役割分担とチームプレイの精神が浸透している。

条件5　公正な評価基準に基づき社員の自主性が重んじられ、各々が課題の達成に向けて仕事を楽しんでいる。

スピリット・オブ・カクヤス

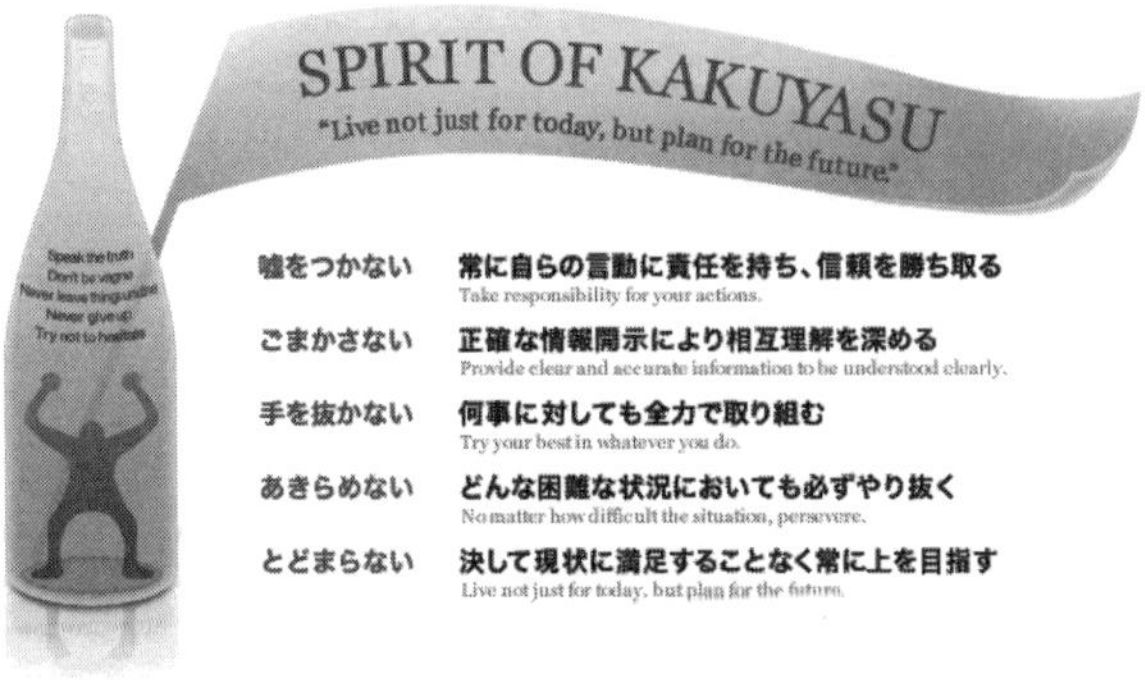

SPIRIT OF KAKUYASU
"Live not just for today, but plan for the future"
嘘をつかない　常に自らの言動に責任を持ち、信頼を勝ち取る
Take responsibility for your actions.
ごまかさない　正確な情報開示により相互理解を深める
Provide clear and accurate information to be understood clearly.
手を抜かない　何事に対しても全力で取り組む
Try your best in whatever you do.
あきらめない　どんな困難な状況においても必ずやり抜く
No matter how difficult the situation, persevere.
とどまらない　決して現状に満足することなく常に上を目指す
Live not just for today, but plan for the future.

出所：https://corp.kakuyasu.co.jp/corporate/philosophy.html
（2020年9月時点のホームページより）

藤さんの考え方や方針が今まで以上に確固たるものになったことは確かです。その証拠に、カクヤスの考え方・方針は「カクヤスを支える5つの条件」と「スピリット・オブ・カクヤス」(図表10)に集約されているのですが、どちらも佐藤さんがCESでの経験を経て、自分自身で言葉にしたものです。

これをきっかけに、カクヤスは部課長、そしてメンバーレベルにもCESを実施するようになりました。一時期は、年に十五〜二十五日ほど、CESを開催していました。そして、少しずつプロアクティブな集団になっていき、今では、現場メンバーの多くも主体的に助け合い、考え、動く組織になっているというわけです。

CESでチームワークを良くすることができた

このカクヤスの事例を、五つの信頼に当てはめながら考えたいと思います。まず「会社への信頼」に関して言えば、この章の最初のほうでご紹介した通り、佐藤さんは私が関わる以前から、会社・事業・人に対して、社員の立場からも共感できる思いや考えをもっている経営者でした。とても小さく、将来どうなるかなどまったくわからないカクヤスに、業界トップクラスの企業から多くの人が転職してきたことが、その証左です。

その上で、CESを経て、自分の思いや考えを、カクヤスを支える5つの条件やスピリット・オブ・カクヤスに結晶化させたことで佐藤さんの経営方針の根幹はより明確に定まったと思います。私が見る限りでは、それ以降、彼はどのような圧力がかかっても、自分を律して、できる限り姿勢を一貫させていました。佐藤さんが、日々のちょっとした場面でも重要な場面でもまさかのときでも、自らの姿勢と思いを一貫させることで、会社の大事にすることや価値観、目的が社員に少しずつ伝わり、信頼の絆が強くなっていったのだと思っています。

「仲間への信頼」については、役職給や給与のオープン制を導入し、報酬システムの改革を進めたため、一時的には多くの退職者が出ました（もちろん、佐藤さんがそのことを望んだわけではありません）。しかし、この改革の後もカクヤスに残った幹部、社員も一方でたくさんいましたし、その後は社員が順調に増えていきました。彼らの多くは、カクヤスと佐藤さんが大事にすることに共感する人たちでした。その意味では、相互の信頼が生まれる土壌は整いつつありました。

ただし、その時点ではまだ社員のほとんどが佐藤社長の方向を向いており、幹部やミドルマネジャーも特にチームワークが良かったわけではありません。その原因は大きく三つあります。第一に、中途採用者が多かったこともあって、お互いがお互いのことを人間レベルではあまりよくわかっていませんでした。第二に、オーナー企業や成長企業に多くみられる傾向ですが、重要なことはトップが一人で意思決定し、指示命令、率先垂範で組織を引っ張るという経営スタイルが全社的に浸透していました。第三に、佐藤さんの企業・事業・人に対して大事にする思い・考え・期待・要望が、まだそれほど伝わっていなかったのです。

ＣＥＳは、第一のチームワーク強化には大きく寄与できたと感じています。ＲＣＥが幹部同士、マネジャー同士、現場メンバー同士はもちろんのこと、縦横斜めでざっくばらんに語り合う場と風土を提供することで、チームワークを高めることができたのは間違いないことだと思います。また同時に、みんなでカクヤスを盛り上げているのだ、自分もカクヤスの経営に参画しているのだ、という一体感や実効感を高めることもできました。こうして相互信頼が育まれたことで、一人ひとりの仕事の意味・価値が育まれたり、仕事姿勢・行動原則が固まったり、自信が高まる土台もできました。

一時期は、年に十五～二十五日ほど、ＣＥＳを開催したのですが、佐藤さんは、そのほぼすべてにオブザーバーとして参加しました。また同時に、対象者の上司の方々もほとんどがオブザーバーとして参加されていました。

これらの場では、参加者だけでなく、オブザーバーからも共感・驚嘆・承認・評価・応援といった有形、無形のメッセージやコミュニケーションがありました。そのことによって、参加者がさまざまな再確認・再発見・再創造を行い、仕事の意味・価値、仕事姿勢・行動原則、自信が固まるという流れが何度も起こっていました。

何よりも、このようなことに膨大な時間と資金を投資し、社長や幹部自らが参加すること自体が、経営から社員に対する明確で強いメッセージとなっていたことは間違いありません。

こうして五つの信頼が向上したことが、カクヤスから受け身体質を減らし、自律体質を増やすことに寄与してきた、というのが私たちＲＣＥの仮説です。

〈事例2〉RCEの自律体質をつくり維持する手法

もう一つは、手前味噌ですが、RCE自身の事例です。私たちRCEが、これまで以上に自律的な集団と個人となっていくために、どういった仕組みを構築し、どのような習慣づけを進めているのかを紹介します。

仕組み①／オープン査定会議

私たちの職場では、半期に一度、「オープン査定会議」を実施しています。オープン査定会議では、まずは社長も含めた全員が半年間の仕事を振り返り、それを「振り返りシート」にまとめます。そのシートの内容は、事前に社員全員に共有します。

その上で、全員がその振り返りシートの内容について、ほぼ1日をかけて、オープンな場で深くフィードバックしあうのです。数字は一目瞭然ですから、主な議論の対象は、半年間で取り組んだテーマ・課題の意味や難易度、取り組み姿勢などです。お客様・仲間・自分と、立場によってテーマ・課題の意味合いは変わりますから、多角的に見ていきます。このオープン査定会議は、コミュニケーションエンジニアだけではなく、スタッフ含めすべての社員が参加します。

私たちが、なぜオープン査定会議を続けているかというと、第一に、社長やマネジャーだけでは、会社で起きているすべてを知ることができないからです。「プロローグ」で書いたとおり、経営者には時間・能力・認識の限界があります。もっと言えば、経営者だけでなく、マネジャーにも同様の限界があります。RCEのような数十名の組織であっても、経営者・上司は部下の成果や仕事ぶりの一部しか知らないのが現実です。その限界を補うために、全社員の意思決定、コミュニケーション、行動の事実を一人ひとりから多面的に聞き入れる場が、妥当性・公平性を高める上で有効だと考えているのです。それに、上司の目はごまかせても、同僚や部下の目はごまかせないものです。

第二に、事前に社員一人ひとりが全社員の振り返りを読み、この場に出席することで、それぞれの仕事内容や姿勢、一人ひとりの強み・弱みを知ることができます。同じ会社にいても、他のメンバーが何をしているか、そのことにどんな姿勢で取り組んでいるのか、何が得意で何が苦手かといったことは意外と知らないものです。この場を通して、それを知り合うことができるのです。表面的な仕事の内容、結果にとどまらない一歩踏み込んだお互いの情報共有は、仲間との信頼を高める上で極めて重要なことです。

同時に、このことは「自分と同じような状況、状態にある仲間が、逃げずに前に進もうとしている。自分も負けていられない」と、前向きなエネルギーを高めることにもつながります。

第三に、多様な視点から、自分の仕事の良し悪しを忌憚なく評価してもらうことで、自分の仕事の意味・価値、取り組み姿勢を再発見・再確認・再創造することができます。この場では、「それだけ忙しい中、姿勢をぶらさずに、すべての仕事に当たった姿勢は素晴らしい」「実はあの仕事は、お客さんに喜んでもらっただけでなく、我々の事業にとっても新しい価値を持つものだったのでは」といった前向きな評価も、「あの仕事は、結果は出たけれども、あなたにとって新しい取り組みではなかったのでは」「もっと情報共有をしてくれないと、せっかくの良い仕事が会社の財産にならない」といった厳しい評価・要望・期待も交わされます。こうした本気の場だからこそ、同僚から自分の小さな成功体験や失敗体験を指摘され、姿勢への自信が身につくといったことが少なくないのです。

第四に、この場を通して、ＲＣＥとして大事にする言葉や基準値に具体的な実感を付与する効果もあります。言葉は何かを伝える上で極めて便利なものですが、ただどうしても抽象的になってしまい、伝わらない部分が出てしまいます。たとえば、「成果にこだわる」と言っても、成果という言葉からイメージするものは一人ひとりで少しずつ違います。オープン査定会議で、メンバー一人ひとりの仕事を取り上げて評価し、その評価理由を共有していくと、大事にすることが具体的に伝わり、浸透・共有が少しずつ進んでいくのです。

第五に、私たちはオープン査定会議を通じて、仲間からの信頼・愛着を感じる職場づくりを進めたいと考えています。全員の仕事を知り、その内容についてフィードバックしあう場が、社員同士の交流を活性化する上で非常に有効なのです。

仕組み②／目標設定ミーティング

多くの会社と同じように、私たちも、売上目標などの数字で社員一人ひとりの目標管理を行っています。ただし、一方で数字だけでなく、会社・顧客・本人の成長といった視点から、メンバーにとって「取り組むに値する目標」のテーマ設定を行うことも同時に重視しています。たとえば、「A社により深い提案を行う」といったテーマ目標を、一人ひとりが上司と相談しながら主体的に決めるのです。

取り組むに値する目標を設定するのは、決して簡単なことではありません。これまでを振り返っても、私たちがうまく設定できたケースは決して多くありません。しかし、それがうまくいったときは、それだけでメンバーの目標へのコミットメントは最高の状態になります。少々大げさに聞こえるかもしれませんが、それだけでほとんど目標を達成したようなものなのです。また、設定できなかったときも、「この上司は自分のことを見てくれている。自分の成長を真剣に考えてくれている」ということはメンバーに伝わります。ですから、試みる価値は十分にあるのです。私たちは経験からそのことがわかっているので、一人ひとりの取り組むに値する目標の設定を極めて大事にしています。

仕組み③／クオリティミーティング（QM）

クオリティミーティング（QM）とは、メンバーの仕事の品質を検討・評価するとともにお互いのPDSを共有する時間です。週に一度、四〜五時間をかけて、コミュニケーションエンジニア（お客様にRCEサービスを提供するメンバーのこと・略称CE）全員が参加して行います。

少し具体的に説明すると、一般メンバーは月に一〜二度、新人の場合は毎週、仕事の振り返りと今後の展開についてレポートにまとめます。それを全員が事前に読み、QMで検討し、評価のフィードバックを行います。主な目的はCEの実力とサービス品質の向上とお互いのPDSの共有ですが、オープン査定会議と同様に、仲間との信頼を高めたり、仕事の意味・価値を再発見・再確認・再創造して、自信をつけたりする狙いもあります。

正直に言えば、毎週、QMに四～五時間も使うのは本当に大変なことです。誰もが、その時間を仕事に回したいと思うタイミングがあります。ただ、新人・若手社員にとっては、QMを通して、自分の仕事を言語化することが何よりの学びになりますし、ベテラン社員にとっては、新しい視点やテーマを取り入れるまたとないチャンスであることも確かなのです。QMを定期的に設けることで、RCEのメンバーは、自分の日常的な体験・気づきを意味・価値に変換し続けています。私の体験から言えば、この場の積み重ねが、受け身体質の脱却に効果的なのは間違いありません。

仕組み④／抱負交換会

正月休み明けに、社員全員で「抱負交換会」を行います。最初はほんの気軽な気持ちで始めたのですが、最近は思った以上の成果が出ることに驚いています。そこでは全員、「今年は英語を本格的に学びます」「今年は仕事に集中します。その決意のあかしと言っては何ですが、愛用のタブレットを手放します」といった形で、プライベートのことも含めた今年の抱負を発表しあうのです。本人の決意を感じさせる抱負が語られることも少なくありません。そういった兆しが出たら、すかさずほかのメンバーから「おー、それいいじゃない」といった声がかかります。そうした習慣が、プロアクティブな集団・個人をつくるベースとなります。なお、抱負交換会のようなイベントは、堅苦しく行わず、あえて緩くするのがよいと感じています。各自がプライベートのことも話しながら雑談をすることが、仕事にも良い影響を与えることが多いからです。

仕組み⑤／日常のフィードバック

これらの仕掛けに加えて、私たちは日常的なフィードバックも大切にしています。ＲＣＥでは、気軽かつ頻繁に、仕事の話が交わされます。その中で、本人の成長や自信につながるような良い話題が出たときは、相手のメンバーがすかさず反応し、フィードバックをしていく光景をよく見かけます。

こうしたコミュニケーションの積み重ねによって、ＲＣＥには、どんな些細なことでも、価値があることは皆で喜び、価値のないことは皆で反省する風土ができ上がっています。日常だけでなく、合宿や打ち上げなどのさまざまな場でも、再発見・再確認・再創造と兆し展開アプローチを実践し、いきいきと働く集団と個人づくりを心がけています。

以上、二社の事例を簡単にご紹介しました。念のために補足しますが、当然ながら、RCEには至らない部分がたくさんありますし、自律的な人・集団づくりに日々もがき、ときに迷走しながら、試行錯誤を繰り返しているのもまた一方の事実です。カクヤスも、多かれ少なかれ同様の状況だろうと思います。ですから、これらを全面的な成功事例と捉えていただくのは適切ではありません。

ただ、カクヤスとRCEが、それぞれこのような仕方で、なんとかして受け身体質の社員を減らし、自律体質の組織になろうと工夫を続けていることは確かです。その意味で、参考にしていただけたら幸いです。

対談

桐岡隆澄×前野隆司

どんな組織でも主体的・自律的にそして幸せに働くことは可能だ

〈兆し展開アプローチは社員を幸せにする方法でもある〉

前野　僕は幸福学の研究者ですから、桐岡さんたちの「受け身体質改善の方法」を幸福と紐づけて捉えています。

まず、本書の内容に関係する研究を一つ紹介したいと思います。私のゼミの学生が行った「仕事におけるワクワク感の因子分析の研究」（2020年に日本感性工学会で発表）です。この研究によると、ワクワクの因子は五つあります。

第一因子：リラックスとご褒美
第二因子：五感へのこだわり
第三因子：仕事への傾注
第四因子：未知への挑戦
第五因子：達成と自己効力

図表11　ワクワクの共分散構造分析結果

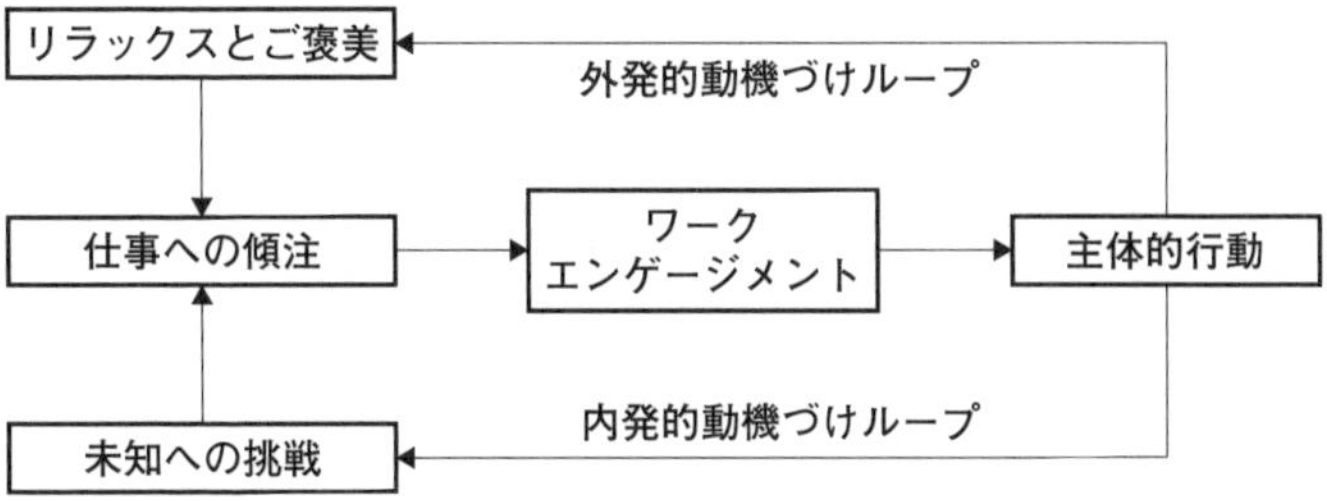
リラックスとご褒美
外発的動機づけループ
仕事への傾注
ワーク
エンゲージメント
主体的行動
内発的動機づけループ
未知への挑戦

このうち、今回重要なのは、リラックスとご褒美、仕事への傾注、未知への挑戦です。この三つの因子は、次のような関係にあります（図表11）。

この図を説明すると、主体的に行動を起こす方々の中には、①達成後のご褒美（外発的動機）を目当てに行動するタイプと、②好奇心と挑戦（内発的動機）を原動力にして行動するタイプの大きく二種類がいると言えます。

桐岡　なるほど。

前野　問題は、インセンティブ・昇進・休暇など、達成後のご褒美、すなわち外発的動機を目当てに頑張り続けるタイプは、少しずつ外発由来の自尊心が大きくなり、他人との比較や優位性を重視する傾向が高くなる危惧があるということです。肥大した外発的自尊心は、いじめやマウンティングにつながりがちです。つまり、達成後のご褒美を目当てに頑張り続けると、不幸な結果になってしまう可能性が高いのです。

桐岡　それは感覚的にわかりますね。

前野　一方で、好奇心と挑戦を原動力に行動する方々は、自分の長所も短所も自己受容する傾向があります。自己受容と幸せが関係することもわかっています。よって、両者を比較すれば、こちらの内発的動機のループのほうが幸せだろうと考えられます。

本書で紹介している兆し展開アプローチは、一人ひとりのちょっとした好奇心や挑戦する姿勢を見逃さず、それを引き出して大きくしていこうとする手法ですよね。まさに、内発的動機づけのループを意識的に回していこうとしているわけで、会社を元気にするだけでなく、社員を幸せにする方法でもあると思います。桐岡さんたちの手法は、幸福学の観点から見ても素晴らしいものですよ。

桐岡　前野先生に褒めていただけて光栄です。

前野　ただ、ここで一つ補足しておくと、世界には、外発的動機でモチベーションを高める段階にある人たちもいます。たとえば、発展途上の国ではそうなりがちです。発展途上国に行くと、「私たちには、金・モノ・地位が必要だ」と言う方が少なくありません。彼らは、自分たちにとってまず必要な、物質的な豊かさを第一に求める傾向があるのです。最近、私たち日本人が内発的動機を重視するようになったのは、日本が物質的に十分豊かなので、その上で精神的な豊かさを求めるようになったからという側面もあるわけです。

このことは、年収と幸福度の関係からも明らかです。年収と幸福度はある程度までは正比例するのですが、一定の年収を超えると、それ以上はいくら年収が上がっても幸福度は高まりません。ある段階までは、物質的な生活レベルを高める年収は幸せに直結するのですが、一定のラインを越えると、物質的な豊かさは幸福度を高めなくなるのです。そうなったときに幸福度を高めるのは、精神的な豊かさ＝内発的動機です。

桐岡　ＲＣＥがお客様から必要とされているのは、日本がある程度豊かだからなんですね。

人は主体的に働くほど幸福で、受け身的に働くほど不幸である

前野　次に、幸福学で知られている「幸せ」と「主体性」の関係についてお話しします。神戸大学の西村和雄特命教授らの研究によると、自己決定は所得や学歴よりも幸せに寄与することが示されています。主体的な自己決定が幸福度に影響するのです。このことを考える上で持ち出したいのが、「ティール組織」です。

桐岡　ティール組織について説明していただけますか？

前野　ティール組織とは、フレデリック・ラルーが提唱した概念で、次の三つの条件を満たした組織のことです。進化型組織とも呼ばれます。

○自主経営（セルフ・マネジメント）：自主経営とは、階層やコンセンサスに頼ることなく、仲間との関係性の中で動くシステムである。このシステムには、経営陣やマネジャーがおらず、組織図や肩書きがなく、小さな自主経営チームの中で一人ひとりが意志決定し、ビジネスを自己運営する。
○全体性（ホールネス）：社員が自分のことをさらけ出し、自分らしさを十全に発揮できるような安心安全な職場環境がある。
○存在目的：組織はそれ自身の生命と方向感を持っていると見られる。社員は、将来を予言し、統制しようとするのではなく、組織が将来どうなりたいのか、どのような目的を達成したいのかに耳を傾け、理解する。その存在目的に合わせて、組織は進化し続ける。

※『ティール組織』（フレデリック・ラルー）より

この説明だけではわかりにくいと思いますので、以下、私なりの理解をざっとお話ししたいと思います。なお、もっと詳しく知りたい方は、ぜひ『ティール組織』（フレデリック・ラルー、英治出版）を読んでください。

ラルーは『ティール組織』で、現代社会にはティール組織を含めて、五種類の組織モデルがあると語っています。レッド組織が最も古く、ティール組織が歴史上最も新しいタイプの組織だと言います（図表12）。

○レッド組織（衝動型組織）＝自分第一
　オオカミの群れのように、誰もが自分第一で行動する小規模で支配的な組織。現代で言えば、ギャングやマフィアなどがレッド組織に当たる。

　　↓
○アンバー組織（順応型組織）＝勝利第一
　ヒエラルキーと規律と計画を重視し、組織の勝利を大きな目的に掲げる組織。完全に統率された軍隊がまさに当てはまる。

　　↓
○オレンジ組織（達成型組織）＝利益第一
　イノベーション・説明責任・実力主義を重視しながら、合理的・機械的にビジネスを運営し、パフォーマンスと利益の向上を目指す組織。現代企業の多くがオレンジ組織の

図表12　5つの組織モデル

レッド組織（衝動型組織）自分第一
オオカミの群れ
ギャング
マフィア

▼

アンバー組織（順応型組織）勝利第一
軍隊

▼

オレンジ組織（達成型組織）利益第一
機械的
現代企業

▼

グリーン組織（多元型組織）人間第一
家族
NPO・NGO

▼

ティール組織（進化型組織）自然第一
自然林

出所：『ティール組織』（フレデリック・ラルー、英治出版）

傾向を強く持つ。

↓

○グリーン組織（多元型組織）＝人間第一

成果よりも人間関係と価値観を重視し、一人ひとりに権限を大きく移譲して、多様なステークホルダーの視点を活かしながら、ボトムアップ型でビジネスを進める家族的な組織。わかりやすい例を挙げると、ＮＰＯ・ＮＧＯの多くがグリーン組織である。民間企業の中にもグリーン組織の特徴を持つ組織が増えてきている。

↓

○ティール組織（進化型組織）＝自然第一

自主経営・全体性・存在目的を重視する「自然林」のような組織。

ごくおおざっぱに言えば、レッド組織に近いほど主体性がなくても行動できる組織で、ティール組織に近いほど、主体性がなければ行動できない組織です。明確に分類されるというよりも、グラデーションだと考えてください。なお、現在の日本企業の大多数はオレンジ組織の傾向が強いと言われています。これは簡単に言えば、経営陣・管理職層が主体的に考え、メンバーはその考えに従って、受け身的に行動するタイプの組織です。今もそうした会社で働く方々が多いはずです。グリーン組織はそれよりも一歩進んで、社員の主体性を活かし、ボトムアップ的・家族的にビジネスを進めていく企業で、日本でも少しずつ増えてきています。と言いますか、むしろ今よりも昔の方がグリーン型の家族主義経営は多かったと言うべきでしょう。

桐岡　その分類に従うと、RCEのお客様のほとんどはオレンジ組織に当たります。私は、グリーン組織やティール組織をあまり見たことがありません。前野先生は、そうした組織を多く見てこられたのですよね。

前野　私はこれまで、日本の幸せな会社をいくつも取材してきましたが、その中にはグリーン的な組織が多くありました。たとえば、『日本でいちばん大切にしたい会社』(坂本光司、あさ出版)でも紹介されている寒天の日本トップメーカー「伊那食品工業」が、グリーン組織の典型例です。

伊那食品工業は、「『会社は社員の幸せのためにある』ことをモットーに、五〇年間一度のリストラもなく、同業者とも戦わず、とことん環境に配慮した工場をつくり、『一〇〇年カレンダー』で遠くを見通す経営をしてきた」(『日本でいちばん大切にしたい会社』)会社です。私も訪問してきましたが、塚越社長はまさに「社員五百人が家族なんです」「会社の方針や戦略を考えるときには、家族だったらどうするか、と考えます」とおっしゃっていました。「家族なら、売上目標はつくらない。じゃあ、売上目標は立てないことにしよう」といった具合に考えるのです。

グリーン組織の特徴は、このように会社を家族に例えるとよくわかります。日本には、こうした企業が昔から少なくありませんでした。ラルーが提唱する前から、日本にはグリーン組織的な考え方がある部分では根づいていたのだと思います。

桐岡　そうした家族的な会社は確かに日本にありますね。

前野　私の共著、『幸福学×経営学 次世代日本型組織が世界を変える』(前野隆司・小森谷浩志・天外伺朗、内外出版社)で取り上げた「西精工」もグリーン組織といえるでしょう。西精工は、徳島県でファインパーツの製造・販売を行っている会社で、社員数は二百五十名程度です。たとえば、このような特徴があります。

西精工が毎年実施する60問以上の社員アンケート調査の結果で、「わたしは、当社の社員で幸せである」との設問に対し、「非常にそう思う」「そう思う」と回答した社員の比率、すなわち社員満足度はじつに97・5%を達成するまでになった。さらに特筆すべきは、「毎週月曜日、出社するのがワクワクする」と答えた社員の割合だ。こちらも「非常にそう思う」「そう思う」を合わせると、なんと！　全社員の90%を超えているのである。（『幸福学×経営学』）

西精工もやはり、社員の家族も含め、みんなを幸福にする「大家族主義経営」の会社です。西社長はあるとき、社員全員の前でこう宣言したそうです。「社員一人ひとりの幸福が、私の一番の幸福です。会社に関わるすべての人の幸福を追求して、みんなで物心ともに豊かになりましょう」

また、その象徴は、毎朝一時間弱もかけて行う朝礼です。この朝礼では、社員一人ひとりが自ら考え、自ら参加して関わり合っていきます。それを毎朝行うことで、仕事への意欲や創意工夫、チームワークを高めようとしているのです。実際、朝礼の終了後は、皆さんイキイキとした表情で持ち場に向かっていきます。このようにして、できるだけボトムアップ型でビジネスを推進していくのが、グリーン組織の性質です。

伊那食品工業や西精工のようなグリーン組織の皆さんは、私がみる限りは、総じて幸せそうに働いていました。社員が自分らしさを発揮できる安心安全な職場環境があって、自分のことをある程度さらけ出すことができ、お互いに深い信頼関係でつながっているからです。

桐岡　そうなんですね。

前野　ただ、これらの会社には、経営者・マネジャー・一般社員といったヒエラルキーは依然として存在しており、経営者やマネジャーがリーダーシップを発揮して、ビジネスの方向を決めています。その意味では、まだどちらかといえばオレンジ組織の特徴も持っているといえるでしょう。

一方で、ティール組織になると、経営者やマネジャーがいなくなり、社員一人ひとりが経営者のように自主経営し、全員が企業の存在目的に耳を澄ますことで企業の方向性を理解しようとするのです。グリーン組織にはヒエラルキーが残っているのですが、ティール組織には、ほとんどヒエラルキーがありません（※ただし、日本の法律上、取締役会を置く株式会社は必ず代表取締役をつくらなくてはなりません。そのため今のところ、日本のティール組織には肩書上の代表者は存在します）。

桐岡　ティール組織は日本に存在するのですか？

前野　オレンジ、グリーン、ティールといった分類は、前にも述べた通り、厳密に組織を分類するものではありません。どの組織も多少は様々な要素を持っていてグラデーションがあるというべきでしょう。ですから、伊那食品工業や西精工はグリーンの傾向が強く、オレンジやティールの要素も持っている、というように考えるべきだと思います。その上で、誤解を恐れず申し上げると、私は日本では純粋なティール組織をまだいくつかしか見たことがありません。その企業の一つが、森のリトリート®を行っている「森へ」です。森への創業者である山田博さんは、「こんなとき、森だったらどうするだろうか？」とよく考えるとおっしゃっていました。そのように、生命圏的なあり方を大事にするのがティール組織の大きな特徴です。

他には、不動産ソリューションカンパニーの「ダイヤモンドメディア」も、日本のティール組織（ホラクラシー組織）として有名です。ダイヤモンドメディアについても『幸福学×経営学』で詳しく紹介していますので、興味のある方はぜひご一読ください。

ティール組織の大きな特徴は、組織そのものがいわば「自然林」のようになっていて、統括する存在はおらず、社員一人ひとりが伸び伸びと活動していることです。自然林のような環境では、主体性が高くなくてはそもそも生きていくことができません。ティール組織には、自分のすべてをさらけ出して、自ら考え、判断し、行動を起こすメンバーしか存在できないのです。彼らは骨の髄から主体的ですから、幸せでしょう。実際、私がみる限り、森へやダイヤモンドメディアの皆さんは、総じて楽しそうにいきいきと働いていました。

オレンジ組織でも主体的な社員を増やすことは可能だ

桐岡　ティール組織やグリーン組織の解説、本当にありがとうございます。勉強になりました。ただ、先ほども少し触れましたが、今の説明に即して言えば、私のお客様はほとんどがオレンジ組織で、アンバー組織に近いオレンジ組織もありますね。ですから正直、ティール組織やグリーン組織が増えているという実感はありません。本書でも、オレンジ組織の事例ばかりを取り上げています。

前野　実際には、現状の日本企業の大部分はまだオレンジ組織の傾向が強いですからね。

桐岡　その私の視点から、今のお話に対する感想を少し述べたいと思います。個人的な考えでは、そのやり方が環境、状況に適応できている限り、私は、オレンジ組織でもまったくかまわないのではないかと思います。実際、今も成功を収めているオレンジ組織は、数多くあります。そうである以上、このあり方が悪いとは言えないのではないでしょうか。実際、私のお客様にも、元気なオレンジ組織がいくつもあります。

前野　ビジネスモデルや製品・技術などがすでにある程度確立されている業界で、かつ経営トップが優秀な場合は、オレンジ企業が依然として強いのだと思います。トップ・管理職層が主体的に考え、現場メンバーはトップ・管理職の考えに従うほうが、効率よくスピーディーにビジネスを展開していけますから。

ただ一方で、革新的なイノベーションを起こしたり、そのために創造性を高めたりするには、やはりティール組織やグリーン組織の方が有効です。世の中の変化が速く、イノベーションと創造性が強く求められるいま、ティール組織が注目を集めるのは自然な流れでしょう。

桐岡　私は、オレンジ組織のお客様の新人研修などを受け持つことがよくあるのですが、そうした企業の新人たちの大多数は皆いきいきと働いています。中には厳しい規律・ルールが存在する会社もあるのですが、それを守ってさえいれば、一方である部分では主体性・自律性を発揮できる部分もあり、彼らはその中で自分なりに学び、考え、行動を起こせるからです。それどころか、私が見聞きした範囲では、そうした環境で自分を鍛えたいと言って、自ら飛び込んできた若手社員も少なくありません。彼らの多くが、早く一人前になりたい、先輩や周囲に迷惑をかけたくないという気持ちをモチベーションにして、ぐんぐん成長していきます。

前野　たとえば、どんな方がいるんですか？

桐岡　あるお客様の新人は、いつも笑顔でお客様に接することを心がけていました。そうすると、お客様や周囲のほうから声をかけてくれるようになり、ビジネスがより良く回っていくのだそうです。また、帰宅後に仕事で必要な知識を自ら学んだり、まちに出て仕事の参考になるようなサービスを自ら受けてみたりといったことをやっている人もたくさんいました。

もちろん、「お客様には笑顔で接するように！」と命令されて、いやいや笑顔をつくるのでは意味がありません。ただ、最初は命令を受けて受け身的にやっていても、そのうちに笑顔の接客を自ら心がけるようになる人もいるでしょうから、一概に命令が悪いとは言いきれません。

いずれにしても、彼らの姿を見ている私としては、ティール組織やグリーン組織は幸せで、オレンジ組織は不幸せだ、と一面的に断じることはできないと感じています。オレンジ組織でも、主体性・自律性を発揮できる環境さえ用意できれば、主体的・自律的に働く幸せな社員をつくることは十分に可能だ、というのが私の意見です。

前野　なるほど。

桐岡　ただし、規律を厳しくすればするほど、自分の頭で考えない受け身体質の社員が増えるのは一方で間違いないことだとも思います。

この事実を踏まえれば、ティール組織やグリーン組織には主体性・自律性の高い社員が多く、バランスに気をつけないとオレンジ組織ではどうしても受け身的な社員が増えてしまうというのは、前野先生のおっしゃる通りなのだろうと思います。

前野　社員たちが幸せに働くオレンジ組織もありえる、ということですね。確かにそうかもしれません。

というのは、最近、ティール的・グリーン的な部署と、オレンジ的な部署が両方存在する「ハイブリッド組織」が増えているように見えるからです。いいとこどりです。もしかすると、この傾向が一般的になりつつあるのかもしれません。それらの企業では、オレンジ部署で既存ビジネスを効率よく運営しながら、ティール部署・グリーン部署でイノベーションを起こしたり、新規ビジネスを立ち上げたりしています。同じ会社でも、両者の部署のカラーはまったく違います。この二、三年ほどで、日本でもこうしたタイプの企業が急速に増えてきたような印象があります。

そして、私のゼミの卒業生には、ティール部署・グリーン部署で楽しそうに働く人もいれば、オレンジ部署で嬉々として頑張っている人もいます。言われてみれば、どちらのタイプもいるのです。

＞主体性にはグラデーションがあるのではないか＜

桐岡　厳密に考えていくと、「主体性」「自律性」という言葉には微妙な部分があります。正直にお話ししますが、私は就職を考えるに当たって、就職活動の時期になってもできるなら働きたくないと思っていました（笑）。ただ当時の私にとっては、大学を卒業した後、働かないという選択肢は考えられませんでした。その選択肢がない以上、「どうせ働くなら、できるだけいきいきと思いっきり働きたい」と考えて、日本リクルートセンター（リクルートの前身）を選び、採用してもらいました。

前野　そうでしたか。

桐岡　私は、それも一種の主体性・自律性ではないかと思うのです。もちろん、ティール組織にいるような皆さんの主体性・自律性と比べれば弱いでしょう。それでも主体的・自律的とは言えるはずです。言い換えれば、主体性・自律性にはグラデーションがあるのではないでしょうか。受け身的か主体的か、0か1かではなく、0と1の間にさまざまな段階や状態があるのだと思います。

たとえば、自分の任されている仕事に対しては極めて主体的だけれど、周囲とのチームワークを重視するという意味では主体性が低い、という方もいるでしょう。その方を単に受け身的だ、主体的だと語ることには、あまり意味がありません。一人ひとりの主体性・自律性の特徴を見なければ、受け身体質の改善をするのは難しいと思います。

純度の高い主体性は、ティール組織やグリーン組織でなければ持てないのかもしれません。しかし、オレンジ組織でも、「できれば働きたくないけれど、働く以上はいきいきと思いっきり働きたい」というレベルの主体性・自律性を持つことは決して難しくないはずです。

これは、『やりたいこと』と『できること』と『すべきこと』の接点創造」という言葉でも説明できます。少なくともオレンジ組織には、必ず「すべきこと」があります。すべきことの中に、自分が「したいこと」「できること」との接点を見つけたり、生み出したりできたら、仕事は多少楽しくなります。これが、「やりたいこと」と「できること」と「すべきこと」の接点創造です。

ちなみに、リクルートでは、やりたいこと・できること・すべきことを「Will・Can・Must」と表現しています。Will は社員個人が実現したいこと、Can は個人の強みや得意技、Must は個人に任されるミッションですね。リクルートは、社員のキャリアを開発する上で、長らく Will・Can・Must を大切にしてきました。Will・Can・Must は、今や様々な場面で使われるようになっていますから、お聞きになったことのある方も多いのではないかと思います。

前野　Will・Can・Mustは、わかりやすい分類ですよね。Willの重視は、すばらしい考え方だと思います。

桐岡　具体例として、もう少し自身の話をすると、私がリクルートに入って最初に配属されたのは求人広告の営業部で、私は東京下町エリアの担当になりました。下町エリアにあるのは、小規模であまり知られていない会社ばかりです。そのため、求人広告を打っても、なかなか応募が集まらないケースが多かったんですね。

お客様から高い広告掲載料をいただいて、求人広告を掲載してもらっても効果がない。効果の確認でお客様に電話をすると「ほとんど応募者はなかった」という暗い声が返ってくる。会社から「自分たちの事業はあくまでも広告であって、効果を保証するものではない」といくら言われても、自分の仕事に意味は見出せず、いつしか営業の仕事も身が入らず、お客様への対応も及び腰になっていきました。

しかしあるとき、考え方が変わったんです。あれは西日暮里で昼食を食べているときのことだったと思います。突然、水前寺清子さんの「いっぽんどっこの唄」（星野哲郎作詞）が頭の中に浮かんできました。「ぼろは着ててもこころの錦　どんな花よりきれいだぜ　若い

ときゃ二度ない　どんとやれ男なら　人のやれないことをやれ」という歌詞です。

前野　懐かしい。

桐岡　この歌を思い出しながら、「自分の仕事は、規模も小さくて名前もあまり聞いたことがなく、勤務地も含めて働く人から見ると魅力的な採用条件は提示できない、一見すると応募者にとって特別な魅力も感じられない、そんな企業の魅力を発見し、転職を考えている人に伝えていくことだ」。そう思うようになってから、大きく仕事へのスタンスは変わり積極的になったように思います。「やりたいこと」と「できること」と「すべきこと」の接点創造とは、たとえばこういうことです。

リクルートでは、これをWill・Can・Mustを使って、「MustのWill化」と呼んでいます。MustのWill化は、「やりたいこと」と「できること」と「すべきこと」の接点創造とほぼ同じ意味です。リクルートだけでなく、これまで多くの日本企業が、「やりたいこと」と「できること」と「すべきこと」の接点創造＝MustのWill化をさせることで、社員のやらされ感を減らす努力をしてきたように思います。リクルートは、以前からそれが得意な企業でした。厳しくMustを課す一方で、「あなたは何がしたいんだ?」と問いかけ続けることでMustのWill化を図っていくのが、リクルート流のやり方です。ここまで意識的にやっていなくても、似たようなことをしてきた会社はきっと多いはずです。

前野　その通りだと思います。

桐岡　実は、私たちの受け身体質改善の方法や兆し展開アプローチも、「やりたいこと」と「できること」と「すべきこと」の接点創造の延長線上にあります。少なくともこれまではオレンジ組織やアンバー組織ばかりだったわけで、経営者、あるいはよほどしっかりとした目的や目標を持った人でない限りは、誰もが受動的にすべきことからスタートしたのです。ところがその中に、何かしらのきっかけを摑んで、主体的に働くようになる人が、以前から一定数存在しました。兆し展開アプローチは、その数を増やす方法だと言うこともできます。

前野　なるほど。

桐岡　先ほど、私は働き始めたころ、できれば働きたくないと思っていたという話をしましたが、当時は特別やりたいこともありませんでした。完璧に受け身体質だったわけです。その後、マネジャーに昇進した後も、私の受け身体質は変わりませんでした。もちろん、与えられた目標の達成や顧客の問題解決には、自分のできる範囲内で主体的に取り組んできたつもりです。しかし、リクルートや自分が所属する組織をどうしたいとか、この仕事を通して何かを実現したいとか、自分はどうなりたいといった考えや思いは、ほとんど持っていませんでした。その当時考えていたことは、「どんな人の前に出ても自分の考えをしっかりと言える人間になりたい」といったことくらいでした。

ところが、これも自分の意思とは無関係な異動によって、当時のHRM（ヒューマンリソースマネジメント）室に配属になり、コミュニケーションエンジニアリングサービスの開発者で、この事業の実質的な創業者である横山清和さんと出会い、コミュニケーションエンジニア（CE）の仕事をしていくうちに、気がつくと、自分が所属するリクルートコミュニケーションエンジニアリングをこういう会社にしていきたい、自分はもっとこうなりたいといった、これまで持ったことがない目標が自然と湧いてきました。

それからは、会社・事業・仕事への感じ方がそれまでとは大きく変わりました。積極的に意識を持たなかったことにも関心を持つようになり、行動もより主体的、能動的に変化していきました。何よりも、毎日の仕事にいきいきと取り組めるようになり、それが上司や周囲から機会を与えてもらうことにつながり、仕事の達成感や自分の成長を実感する機会が多くなって、そのエネルギーが次のチャレンジにつながるといった良い循環が生まれたように思います。

前野　桐岡さん自身が、そうやって受け身体質を脱却してきたのですね。

桐岡　その通りです。私自身は、いたって「普通」のビジネスパーソンだと思います。自分と同じように、いまは受け身体質だけれど、自律体質に変わる可能性を秘めた人たちがこの世界にはたくさんいるはずです。CEのサービスを広げていくことで、そうした方々がやりがいを見つけ、いきいきと仕事をしていけるようになるお手伝いをすることは、取り組むに値する仕事だと確信しています。

ただし、私はいまでも、人生や仕事での目標は絶対に持たなくてはならないものだとは思っていません。見つかったり、湧いてきたり、持てたりしたなら、それはとても素晴らしいことですが、絶対的に必要だとは思っていません。

前野　僕は大学時代、美術部とボランティアサークルに所属していましたが、美術部ではやる気があり、部長まで務めて周囲からも評価されていました。ところがボランティアサークルには、主体的に参加しておらず、やる気がなかった。周囲からやる気のなさを心配されていたほどです。自分でも、二面性を自覚していました。つまり、二つの場で、僕は正反対の振る舞いをして、正反対の評価を受けていたのです。違いは、「好奇心と挑戦心」を持てたかどうか。たったそれだけで、主体性には大きな違いが出ます。そんな実体験もあるものですから、それ以来、人のやる気を一面的に評価すべきではないと考えています。

桐岡　誰もがそのように、いくつもの顔を持っているのだと思います。ある部分では主体的だけれど、ある部分では受け身的だというのが、むしろ当たり前なんです。

若者の多くはオレンジ組織で働き始めたほうがよいのかも

前野　ひとつ、大切な視点を付け加えたいと思います。ティール組織の背景には、実は「成人発達理論」という考え方があるという点です。成人発達理論とは、「大人も質的に成長できる」という考え方に立って、大人の発達段階を示す理論のことです。ラルーは、いくつもの成人発達理論を統合的に参照しながら、ティール組織の理論を構築しているのです。

桐岡　そうなんですね。

前野　その成人発達理論の一つが、アメリカの思想家、ケン・ウィルバーの「インテグラル理論」です。ウィルバーはインテグラル理論で、人間の意識の段階を「ベージュ・パープル・レッド・ブルー・オレンジ・グリーン・イエロー・ターコイズ・コーラル」の九段階に分けました。ラルーの組織モデルとは少し色が違いますが、ラルーは『ティール組織』で、自分なりの組織発達モデルを打ち立てる上で、ウィルバーの分析を拝借したとはっきり述べています。インテグラル理論とラルーの組織発達モデルは明確に重なっているのです。

ただ、インテグラル理論は少々複雑なので、ここでは割愛します。詳しく知りたい方は、『インテグラル理論』（ケン・ウィルバー、日本能率協会マネジメントセンター）を読んでください。

より理解しやすいのは、ウィルバーの理論のベースにもなっている、ロバート・キーガンの成人発達理論です。ウィルバーもキーガンの影響を受けています。つまり、ラルーやウィルバーの考えのもとになったのがキーガンの理論です。キーガンはハーバード大学大学院教授で、『なぜ人と組織は変われないのか』『なぜ弱さを見せあえる組織が強いのか』（ともに英治出版）などの著書で知られる成人学習・職業発達論の専門家です。キーガンは、発達段階を次の五つに分けました。なお、以下の説明は、キーガンの成人発達理論をわかりやすく説明した『なぜ部下とうまくいかないのか』（加藤洋平、日本能率協会マネジメントセンター）を参考にしています（図表13）。

○ 発達段階1：具体的思考段階

言葉を獲得したての子どもに見られる段階で、すべての成人は、基本的にこの段階を超えていると言える。

↓

○発達段階2：道具主義的段階（利己的段階）

極めて自己中心的な認識の枠組みを持っており、自らの関心事項や欲求を満たすために、他者を道具のようにみなす。

↓

○発達段階3：他者依存段階（慣習的段階）

組織や集団に従属し、他者に依存する形で意思決定をする。組織・社会を含む他者の基準によって、自分の行動が規定されている段階。

↓

○発達段階4：自己主導段階（自己著述段階）

自らの行動基準によって、主体的に行動する段階。

↓

○発達段階5：自己変容・相互発達段階

図表13　ロバート・キーガンの成人発達理論

発達段階1　具体的思考段階
言葉を獲得したての子ども

▼

発達段階2　道具主義的段階
極めて自己中心的
他者を道具のようにみなす
利己的
出世第一主義者

▼

発達段階3　他者依存段階
組織や集団に従属
他者基準によって規定される
慣習的非利己的
善き市民

▼

発達段階4　自己主導段階
（自己著述段階）
主体的に行動する
自らの行動基準を持つ
自律的
マネジャー

▼

発達段階5　自己変容・相互発達段階
多様な価値観・意見を理解
自分の価値観・意見にとらわれない
利自相互発達
リーダー

出所：『なぜ部下とうまくいかないのか』（日本能率協会マネジメントセンター）を参考に作成

自分の価値観や意見にとらわれることなく、多様な価値観・意見などを汲み取りながら的確に意思決定ができる段階。

桐岡　面白いです。

前野　このキーガンの理論で重要なのは、「ある意識段階から次の意識段階に移行していけばいくほど、客体化できる範囲が広がり、世界の捉え方が変化していく」（『なぜ部下とうまくいかないのか』）ことです。発達段階2の道具主義的段階にいる人は、常に自己中心的な視点で考え、発達段階3の他者依存段階にいる人は、いつも他者基準で物事を捉えます。発達段階4になると、他者を独自の価値観を持つ大切な存在であるとみなしながら、自分の心の内側にある高度な規範に従って、自律的に行動するようになります。さらに発達段階5に到達すると、自分の価値観や意見にとらわれることもなくなり、多様な価値観・意見を受け入れられるようになる。キーガンは、大人はこのような発達・成長の道筋を辿ると言っているのですね。

このキーガンの理論も、もちろん、ラルーの組織発達モデルと呼応しています。すなわち、「道具主義的段階＝レッド組織」「他者依存段階＝アンバー組織・オレンジ組織」「自己主導段階＝グリーン組織」「自己変容・相互発達段階＝ティール組織」なのです。つまり、レッド組織のメンバーは自己中心的で、アンバー組織やオレンジ組織のメンバーは他者基準で動き、グリーン組織のメンバーは自己なりの高度な規範を持っており、ティール組織のメンバーは多様な価値観・意見を受け入れる度量を持ち合わせているというわけです。

桐岡　つまり、大人が成長するように、組織も成長するというのが、ティール組織の理論なんですね。

前野　そういうことです。この二つの理論の重なりを踏まえると、場合によっては若者の多くは、オレンジ組織で働き始めるのが良いのかもしれません。なぜなら、全体的には、若者には発達段階2や3が多いからです。誰もが発達段階を下から上っていくのですから、これは当然のことです。もちろん個人差はあり、若くして発達段階4まで達している人もいるでしょう。でも、多数派ではないと思います。

そして、発達段階2や3にいる場合、いきなりグリーン組織・ティール組織に行くと苦労する可能性が高い。自分の発達段階と組織の発達段階が合致しないからです。もちろん苦労も悪くないのですが、多くの若者は、最初はオレンジ組織に入社して、そこで成長を遂げながら、タイミングを見てグリーン組織やティール組織に進んでいったほうが、スムーズに成長していけるのかもしれません。

先ほど桐岡さんは、アンバー寄りのオレンジ組織で、楽しそうに働く新入社員の話をしていましたよね。それはおそらく、彼らが発達段階2や3のあたりにいるからです。今の彼らには、規律正しい組織で鍛えられるのがちょうどよいのです。彼らがとりあえず自分を磨く場としてオレンジ組織を選んだのは、ある面、適切だったのかもしれません。

桐岡　最近、ある企業に新卒で入社すると苦労する、と言われているそうです。その企業は、ほぼティール組織だと言ってもよいくらい先進的な組織です。

前野　それも今の話と関係しますね。発達段階が低い人にはオレンジ組織のほうが楽で、ティール組織の自然林は過酷なのでしょう。発達段階2や3の若者が、いきなりグリーン組織やティール組織に入ってしまうと、きっと苦労するのです。

桐岡　彼らはいきなり大自然に飛び込んでしまったわけですね。

前野　そうです。そう考えると、ティール組織が絶対的によいとは言えなさそうです。そうではなくて、各自の発達段階に適した組織があると見たほうがより的確でしょう。つまり、五つの組織発達モデルと幸福度の間には、必ずしも強い正比例の関係はないわけです。桐岡さんのおっしゃる通り、オレンジだから不幸せ、ティールだから幸せというステレオタイプの見方で決めつけない方がいいでしょう。一人ひとりの段階によって幸せな組織は異なるからです。

とはいえ、今の話と矛盾するようですが、実は統計データを見ると、マクロには成人発達段階と幸福度には比例関係が見られます。つまり、ミクロには多様な幸せがあり得るけれども、マクロに見ると心が成長した方が幸せな傾向がある、ということです。

桐岡　つまり、マクロには、冒頭で掲げた前野先生の「人は主体的に働くほど幸福で、受け身的に働くほど不幸である」という事実があるわけですね。オレンジ組織でも主体的・自律的に＝幸せに働くことは可能だ、というのはミクロに見たときの多様な可能性ということですね。

とはいえ、オレンジ組織では、放っておくとどうしても受け身社員が増えてしまうため、経営陣が何かしら対策を打つ必要はあるでしょう。繰り返しになりますが、私が本書で述べてきたのは、オレンジ組織から受け身社員を減らして、自律社員に変えていく方法です。社員の受け身体質を本気で変えようとしているオレンジ組織の経営者は、まだ決して多くありません。そうした組織では、社員の皆さんが継続的に主体性・自律性を伸ばすことはかなり難しいでしょう。私としては、オレンジ組織を経営する皆さんに、ぜひ本書を役立て、社内の受け身社員を少しでも減らしていただきたいと思います。心からの願いです。

前野　片づけコンサルタントの「こんまり」こと近藤麻理恵さんは、残すものを「ときめくかどうか」の基準で選びましょう、と常々おっしゃっています。僕は、仕事も同じようにしたらいいのではないかと思います。ときめかない仕事は辞めてしまって、ときめく仕事を選ぶのです。なぜなら、そのときにときめく仕事が、その人の発達段階に最も合った仕事だと思うからです。一人ひとりが主体性・自律性を発揮して、自分がときめく仕事を選ぶ社会になったら、今よりも多くの人が幸せになるのではないでしょうか。

シニア男性の受け身問題に関心がある

前野　桐岡さんは、これから何か新たなことにチャレンジしようと考えているのですか？

桐岡　「シニア男性の受け身問題」に関心があります。いろいろと偉そうに語ってきましたが、実は自分自身が、二〇一七年にRCEの代表取締役社長を辞めて以来、モチベーションの低下に悩んでいるのです。次は何をしようかと考えているのですが、なかなかこれというものが見つかりません。

周りを見ると、どうやら私と同じように、これからどうしたらよいかがわからず、エネルギーを持て余しているシニア男性がたくさんいます。最近は、もしかしたら、この自分自身の悩みが、つまりシニア男性の受け身問題が、次に取り組むべき課題ではないかと思い始めています。

前野　奇遇ですね。実は私も、シニア男性の幸せに興味を持っています。なぜかというと、退職後のシニア男性の幸福度が、特に低いように見えるからです。彼らに幸福学の成果を伝えて、自分が何に向いているか、これから何ができるのかを考える社会にしたい。私の目標の一つです。

桐岡　実は、ＲＣＥでは「ベテランの元気」というテーマで、企業で働く五十代の方々を対象にサービスを提供する機会があります。特に大企業では、五十歳になると役職定年を迎えることが多く、「残りの十年は流されて過ごそう」と受け身になってしまう方がかなりの数に上ります。

もちろん、部長・課長などの役職から離れ、第一線から外れて、収入が減ることが、モチベーションを一定程度下げていることは確かです。そのことによって、受け身的に、なんとなく働こうと思っている方が多くなっています。実際、彼らに会って話を聞くと、「あと十年、今までのように頑張るのではなく、与えられたことをやっていこうと思っているんですよ」とか、「こういう状況ではなんともね。かえっていろいろ言ったり、動いたりすると皆の邪魔になる。可もなく不可もなくやっていけばいいのかなと……」といったことをおっしゃる方がとても多い。

ただ、彼らの考えや思っていることが、言っていることと本当に一致しているかと言えば、決してそんなことはないんですね。実は、彼らの中には、「決して今のように受け身のままでよいとは思っていない」「皆の役に立つのなら、喜んで役に立ちたい」「自分をここまでにしてくれた会社に恩を返したい」「咲かせられるものなら、もう一花咲かせたい」という前向きな気持ち、エネルギーが存在しています。役職定年や収入減といった直接的な要因と、そこから派生する「自分は会社から期待されていないのではないのか」「上司や周囲からの要望、期待がわからない」「この状況下で何ができるのか、何をしたら皆に喜んでもらえるのか、具体的な課題がわからない」といった不安、疑問が、その前向きなエネルギーを抑えつけてしまい、結果的にネガティブな思いやエネルギーが前に出てきているように感じます。

前野　だから、流されて過ごそうとしてしまうのですね。

桐岡　そうです。ただ、大きく見れば今お話しした通りなのですが、一方で、会社や個人の差も大きいのは確かです。我々にサービスを依頼してくださる会社は、昔から社員を大切にしてきた会社ばかりです。そうした会社だからこそ、前向きなエネルギーを内に秘めたベテラン社員が多いのではないかとも感じています。

その意味で前向きなエネルギーを秘めたベテラン社員の方々に、現状からのもうひと踏ん張りを期待するのであれば、上司や周囲の仲間たちとよく話し合ってもらう場を設け、上司・仲間から「上司の要望・期待」「信頼できる仲間の要望・期待」や「具体的な取り組み課題」を彼らにしっかり伝えてもらう施策が有効です。また、やりたかったことや強みを再発見・再確認・再創造して、自信と誇りを取り戻してもらうのが良い結果につながることもあります。

言ってしまえば当たり前の対応ばかりですが、こういった基本的な手が打たれていないために、たくさんの方々が不必要に元気を失っているように思います。

私たちの研修を受けた方が、あるときこのような感想を話してくれました。「私はかつて係長を務め、社内プロジェクトを仕切っていました。その後に役職定年を迎え、落ち込み、挫折しかけた時期がありました。しかし、ＲＣＥの研修で自分の過去を振り返り、周囲からいろいろなメッセージを投げかけられたことで、まだまだ自分には、この会社でやれることがあるんだと確認できました。ありがとうございました」。こうした方を一人でも多く増やせたら、とても嬉しく思います。

前野　いい仕事をしていますね。

桐岡　おそらく定年退職後のシニア男性も、同様の問題を抱えています。彼らにも活躍の場と取り組み課題を用意して、要望・期待を伝えれば、あるいはやりたかったことや強みを再発見・再確認・再創造してもらえれば、きっと自律的に動き出すはずです。問題は、それをどうやって実現するか。特に、組織とシニアのマッチングをどうするかです。企業へのサービス提供とは少々違いますからね。

前野　一緒に何かできそうですね。

桐岡　ぜひ何かやりましょう。

対談を終えて

いま日本の学校が、大きく変わってきています。新しい学習指導要領が、幼稚園では二〇一八年度から、小学校では二〇二〇年度からすでに使われており、中学校は二〇二一年度から、高校は二〇二二年度から、順次適用されます。また、それにあわせて、二〇二〇年度から大学入試の共通試験がリニューアルされ、「大学入学共通テスト」に切り替わります。

この改革が一貫して重視しているのが、「主体的・対話的で深い学び（アクティブ・ラーニング）」です。この改革では、①子どもたちが自ら興味を持って積極的に取り組み、見通しを持って粘り強く学習に向かうことができるようになる授業（主体的な学び）、②教職員や地域の人との対話や先哲の考えを手がかりに、考えを広げたり深めたりできるようにする授業（対話的な学び）、③各教科などの特質に応じた見方・考え方を働かせて、より深い理解・考えの形成・解決策の立案・創造に向かう授業（深い学び）を実現して、子どもたちの

「生きる力」を高めようとしています。また、新たな大学入学共通テストでは、国語・数学に記述式問題が入り、英語はリスニングの比重が高くなります。そうすることで、知識・技能に加えて、思考力・判断力・表現力も問えるテストをつくろうとしているのです

この教育改革には、今後どんなに変化が激しく、予測困難な時代になっても、自ら課題を見つけて、学び、考え、判断して行動できる大人になってほしい、という思いが込められています。そうした大人になるには、主体的・対話的で深い学びが欠かせないのです。しかしどうでしょうか。果たして私たち大人のほうは、主体的・対話的で深い学びを日々実践できているでしょうか。主体的・対話的で深い働き方をしているでしょうか。本書を読めば、多くの大人が「受け身体質」に陥り、そうした学びや働き方をしていないことがわかります。

人生100年時代。大人になっても学び続ける生涯教育の必要性が叫ばれています。つまり、子どもたちの教育が変わろうとしている今こそ、大人たちも学ぶべきなのです。時代の変化に合わせて、大人も受け身体質を脱却すべきなのです。子どもから大人まで、主体性を身につけてこそ、幸せな国づくりが完成すると言うべきでしょう。桐岡さんとRCEの皆さんが提案・実行する「受け身体質脱却のアプローチ」は、大人たちが主体的・対話的で深い学びをする上で有効なやり方の一つです。多くの方が、本書を参考にし、主体的に学び、よ

り積極的な人生を歩んでいかれることを心より願っています。

慶應義塾大学大学院システムデザイン・マネジメント（ＳＤＭ）研究科教授
慶應義塾大学ウェルビーイングリサーチセンター長
前野　隆司

おわりに

本書は、私たちがＲＣＥの創業者であり、ＣＥＳの開発者でもある横山清和さん、そして初代社長である古池威さんから継承し、その後もＲＣＥの仲間たちとともに、数多くの企業に対してサービスを提供・実践しながら育んできた「受け身体質を脱却する方法」をまとめたものです。当然ながら、横山さんと古池さん、そしてＲＣＥの仲間たちがいなければ、この本は決して生まれませんでした。皆さんには、感謝しきれないほど感謝しています。また、カクヤスグループ代表取締役社長の佐藤順一さんには、事例の掲載を快諾していただきました。本当にありがとうございます。その他、社名は出ていないものの、事例の掲載を許可していただいた皆さんに、この場でお礼を申し上げます。

それから、本書を刊行するに当たっては、ＲＣＥの親会社・リクルートマネジメントソリューションズ 組織行動研究所 所長・古野庸一さん、同社ＨＲ企画統括部 部長の小方真さん、ライターの米川青馬さんにさまざまな場面で助力を得ました。日経ＢＰ日本経済新聞出版本部の赤木裕介さんと細谷和彦さんからは、多くのアドバイスをいただきました。こうした方々の助けを得て、この本は完成しました。皆さん、ありがとうございました。

しかし、この内容が読者の皆さんに届き、有効に活用していただけない限り、私たちの努力は水の泡です。何度も読み返して、あらゆる場面で参考にしていただけたら嬉しい限りです。もしわからないことなどがあれば、ＲＣＥにご連絡ください。きっとお力になれると思います。

桐岡　隆澄

〈著者紹介〉

桐岡隆澄（きりおか・たかずみ）

株式会社リクルートコミュニケーションエンジニアリング　シニアオフィサー
合同会社コミュニケーションE　代表社員

1959年千葉県館山市生まれ。83年早稲田大学法学部卒業。同年、日本リクルートセンター（リクルートの前身）入社。就職情報誌事業部門にて中途採用求人広告営業を担当、マネジャーを務める。2006年、リクルートコミュニケーションエンジニアリングが設立され、同社統括部長となる。08年代表取締役社長就任、17年社長を退任しシニアオフィサーに就任、現在に至る。著書に『動かない部下を動かす技術』がある。

メールアドレス　takazumi_kirioka@rce.co.jp
ホームページ　http://www.rce.co.jp

前野隆司（まえの・たかし）

慶應義塾大学大学院システムデザイン・マネジメント（SDM）研究科教授
慶應義塾大学ウェルビーイングリサーチセンター長

1962年山口県生まれ。広島育ち。84年東京工業大学工学部機械工学科卒業。86年東京工業大学理工学研究科機械工学専攻修士課程修了。キヤノン株式会社、カリフォルニア大学バークレー校客員研究員、慶應義塾大学理工学部教授、ハーバード大学客員教授等を経て、2008年より慶應義塾大学大学院システムデザイン・マネジメント（SDM）研究科教授。2017年より慶應義塾大学ウェルビーイングリサーチセンター長兼任。
著書に、『感動のメカニズム』『幸せな職場の経営学』『AIが人類を支配する日』ほか多数。

受け身な部下を変える!
信頼と幸福のコミュニケーション手法

2020年11月19日　1版1刷

著　者　桐岡隆澄・前野隆司

発行者　白石　賢

発　行　日経BP
日本経済新聞出版本部

発　売　日経BPマーケティング
〒105-8308　東京都港区虎ノ門4-3-12

装　幀　山之口　正和（OKIKATA）

DTP　マーリンクレイン

印刷・製本　三松堂

JASRAC出　201007038-01

Printed in Japan　ISBN978-4-532-32361-5